십자가의 길을 걷는 그대에게

위기의 시대에
讀學記思房에서 주목한 시선들

-독학기사방(읽고 배우고 쓰고 생각하는 서재)-

십자가의 길을 걷는 그대에게

-위기의 시대에 讀學記思房에서 주목한 시선들

초판 1쇄 발행 2021년 11월 12일
저자 최호준
교정 명은심(esbright@naver.com)
표지 노기훈(nghfree@naver.com)
편집 마루그래픽스(maroogd@naver.com)
인쇄 넥스트프린팅
유통사 하늘유통(031-947-7777)
펴낸곳 기독교포털뉴스
신고번호 제 2016-000058호(2011년 10월 6일)
주소 우 16518 경기도 수원시 영통구 중부대로 335 삼부리치안 806호(원천동)
전화 010-4879-8651
가격 13,000원
출판사 이메일 unique44@naver.com
홈페이지 www.kportalnews.co.kr
isbn 979-11-90229-16-6

위기의 시대에 讀學記思房에서 주목한 시선들
독학기사방 (읽고 배우고 쓰고 생각하는 서재)

십자가의 길을 걷는
그대에게

최호준 지음

●● 차 례

참 신앙의 고백과 향기

이명희 교수(Ph.D)
전 한국침례신학대학교 교수, 대학원장
전 한국복음주의실천신학회장
현 생명빛교회 담임목사

한 사람을 만나는 것은 그가 겪어온 과거 전부를 만나는 것이고, 그가 품고 있는 모든 사상을 대하는 것이며, 그가 바라보는 미래 전체를 함께 보는 감동적인 일입니다. 최호준 목사님을 만나보면 그리고 그의 글들을 읽으면 그런 감동이 있습니다. 이 책에 담긴 이야기들은 최 목사님의 과거와 현재와 미래가 아주 담백하게 나타나 있는데, 자신의 속내를 슬며시 내보여줍니다. 이 책의 이야기들은 한 글 한 글, 한마디 한마디가 최 목사님의 경험들이 쌓이고 녹아들고 삭혀져서 그의 고백으로 제시되었다고 생각합니다.

최 목사님의 글은 아주 복합적입니다. 어떤 때는 설교 같고, 또 어떤 때는 수필 같고, 또는 호소문 같기도 하고, 어떤 때는 넋두리 비슷하기도 하고, 종종 준엄한 호통 같고, 흡사 분위기가 예언자의 숨결처럼 느껴지기도 합니다. 그만큼 진지하며, 호소력이 있고, 살아있는 메시지가 담겨있다는 증거입니다. 장작불을 끌어안은 뜨거운 가마솥이 열기에 못 이겨 푹푹 증기를 토해 내듯이 최 목사님은 거리낌 없이 말합니다. 마치 "내가 …말하지 아니하리라 하면 나의 마음이 불붙는 것 같아서 골수에 사무치니 답답하여 견딜 수 없나이다"(렘 20:9)라고 했던 예레미야의 모습이 떠오릅니다.

현대인은 생각하기 전에 반응하고, 마음에서 나오기보다는 정서적인 반응에서 튀어나오는 말과 행동에 더 젖어있는 것 같습니다. 그래서 종종 조용한 곳을 찾아 마음을 가라앉히고, 생각하기 전에 떠오르는 것을 붙잡고, 들려오는 것에 집중하고, 보고 싶은 것을 찾느라 눈을 휘두르기보다는 보이는 것들을 찬찬히 뜯어보면서 깊은 통찰의 시간을 갖는 것이 필요합니다. 최 목사님의 안내를 따라 마치 명심보감(明心寶鑑)을 대하듯 게시된 글 하나하나를 눈으로, 입으로, 귀로 그리고 마음으로 읽으면서 심중에 새기면 좋겠습니다. 그리할 때 종교생활에 찌든 우리에게 참 신앙생활의 다림줄이 드리워지리라 기대합니다.

이 글들은 전부가 하늘로부터 최 목사님에게 들려졌던 내용입니다. 그는 "이청득심"(以聽得心)의 지혜를 말합니다. 잘 들음으로써 상대방의 마음을 얻고, 나아가 자신의 마음에도 유익을 얻게 된다는 진리입니다. 최 목사님이 나누어주는 이야기들을 통하여 최 목사님의 마음속에 가득했던 아름다운 향기를 맡게 되기 바랍니다. 나아가 그 향기가 독자들에게 전달되어 우리 모두에게도 진솔한 향기로 가득 채워지면 참 좋겠습니다.

捧冊乃讀書者的溫情 (봉책내독서자적온정)

책을 드는 것은 독서하는 사람의 따뜻한 마음이고

讀書乃得著者的香氣 (독서내득저자적향기)

책을 읽는 것은 저자의 향기를 얻는 것이다

아버지가 아들에게 주는 권면과 같은 글

정춘오 목사(Ph. D)
목원교회 담임
한국침례신학대학교 겸임교수
현대목회실천신학회 회장

최호준 목사의 묵상 글 『십자가의 길을 걷는 그대에게』는 자상한 아버지가 아들에게 주는 권면과 같은 글입니다. 목회자의 길을 걸어가면서 자신을 돌아보고, 자신을 점검하고, 자기를 발전시키고자 하는 열정이 묻어나는 글입니다. 고린도후서 13장 5절의 말씀이 최호준 목사가 이 글을 내놓게 된 결정적인 배경으로 여겨집니다. "여러분은 자기가 믿음 안에 있는지를 스스로 시험하여 보고, 스스로 점검해 보십시오." 이 말씀은 스스로 테스트도 해보고, 점검도 해보고, 이것저것 따져 보면서 자신이 믿음 생활을 잘하고 있는지 확실한 증거를 보이라는 말씀입니다. 이 책은 여러 면에서 자신을 점검하는 데 유익을 주는 글로 가득 넘쳐납니다.

첫째, 성도에게는 무엇이 있어야 하는지에 대해 점검해 볼 것을 제시하는데, 담백하면서도 예리한 글로 독자의 마음을 사로잡습니다. 둘째, 성도는 무엇을 바라보면서 살아야 하는지에 대해 독자의 시선 전환을 부드럽게 제시합니다. 셋째, 신앙생활과 종교생활이라는 내용을 다루면서, 독자들에게 변화에 대한 갈망을 느끼게 합니다. 넷째, 내일이 기대가 되는 사람을 통해 방향 설정에 대한 공감을 이끌어 내면서 독자의 마음에 설렘을 가득 안겨주고 있습니다. 다섯째, 최호준 목사의 독백처럼 들리는 '거룩한 바보'는 독자에게 잔잔한 감동을 주고 있습니다.

예수님을 그리스도로 모시고 살아가는 이 땅의 모든 성도들이 한 번쯤은 고민하고 묵상하면서 느꼈을 내용들입니다만, 조목조목 구체적으로 언급한 필력과 깊은 묵상에서 나온 글들은 독자들에게 교훈으로 다가옵니다. 책망하는 훈련관으로 다가옵니다. 바르게 하는 교사로 다가옵니다. 의로 교육하는 내용으로 다가옵니다. 변화를 이끌어 내도록, 지향하는 방향을 새롭게 해주는 좋은 묵상 글로 많이 읽혀 큰 유익을 주는 책이 되기를 소망합니다.

깊은 영성으로 인도하는 귀한 안내서

김상백 목사(Ph. D)
수원좁은길교회담임
순복음대학원대학교교수
한국실천신학회회장역임
수필가(새한국문학회회원)

코로나19로 인해 많이 혼란하고 어려운 시대에 대부분의 사람들은 그저 듣기 좋은 위로의 말을 원하지만, 영적인 사람들은 그런 무의미한 몇 마디 말보다 이 전염병을 통해 말씀하시는 살아계신 하나님의 메시지를 듣기를 원합니다. 최 목사님 영성이 켜켜이 쌓여 깊은 영적 내공이 느껴지는 본서는 그동안의 세속으로 더러워진 우리 눈과 귀를 깨끗이 씻어내고, 우리네 마음을 하나님의 시각에서 다시 점검하기 원하는 현명한 독자(讀者)들에게 귀한 안내서가 될 것입니다.

저는 좋은 책을 대할 때면, 그 책의 저자와 함께 차 한잔하며, 그의 인생과 신앙의 지혜를 듣고 있다는 생각에 빠지곤 합니다. 본서를 읽어가면서 드는 마음도 마치 예수님의 제자로서 십자가의 좁은 길을 힘들게 걸어가다가 만난 친한 벗과 차 한잔하면서, 그동안의 힘들고 어려운 마음을 훌훌 터놓고 함께 이야기하며 지혜를 얻는 것 같은 심정입니다. 그동안 제가 만난 저자 최호준 목사님은 책 본문에 나오는 글의 내용처럼, '함께 밥 먹고 싶은 사람'입니다. 그렇게 함께 밥을 먹으며 교제하면서 더 많이 배우고 싶은, 좋은 성품과 깊은 영성을 가진 목회자입니다.

'구슬이 서 말이라도 꿰어야 보배'라는 말이 있지요. 이 책은 "십자가의 길을 걷는 그대에게"라는 영성이 느껴지는 제목 아래 '그리스도인들에게 있어야 할 것, 무엇을 바라볼 것인가?, 신앙생활 종교생활, 내일이 기대되는 사람, 거룩한 바보'라는 다섯 가지의 큰 주제로 묶인 글들입니다. 여기에는 간결한 문장과 내용이 잘 연결된 풍부한 성경구절들, 그리고 그동안의 삶의 경험에서 나온 영적 통찰력과 지혜가 알알이 잘 엮여 있습니다. 그래서 읽는 모든 분에게 두고두고 귀한 은혜의 통로가 될 것입니다. 독서하기 참 좋은 계절인 가을이 다가왔습니다.

코로나 시대 각박해진 우리 영혼의 풍요로움을 위해 잔잔한 찬양과 함께 『십자가의 길을 걷는 그대에게』를 일독(一讀)하시기를 기쁜 마음으로 권합니다.

작은 귀퉁이에서 전하는 희망의 메시지

신종 코로나바이러스감염증(코로나19), 자연재해, 기후위기, 환경오염, 생태계 변화 등으로 삭막하고 암울하며 당혹스러운 지금 같은 시대에 마음 깊이 사람들을 들여다보는 감정은 미묘하고 복잡하기만 합니다. 삶의 환경은 급격하게 빠른 속도로 바뀌고 있고, 기존의 사고방식이나 관념으로는 적응하기 어려운 시대로 흘러가고 있습니다. 새로운 차원의 여건 속에서 삶을 대처해야 하는 새로운 과제들이 수없이 새롭게 발생하고 있기도 합니다. 더불어 육체는 고단하며 힘겹고, 정신은 시대의 흐름을 따라가기 바쁜 일상을 살아가고 있는 것이 현실입니다.

이런 혼란스러운 시대에 사람들의 겉모습이 멀쩡하다고 마음속까지 멀쩡하리라 보는 것은 너무 안일한 생각 아닌가 싶기도 합니다. 그렇다고 겉과 속이 문제가 없다거나 겉과 속이 모두 문제가 있다고 보는 것도 한계는 있어 보입니다. 겉과 속이 모두 건강하다면 이것보다 더 좋은 것은 없겠지만 요즘 세상 흘러가는 상황을 보면 겉과 속이 새까맣게 타들어가는 형국인 것만은 분명한 것 같습니다. 불균형과 부조화가 시대의 흐름을 대변하는 것 같아 안타까울 따름입니다.

그렇다면 그리스도인은 다를까요? 신앙인으로 건강한 삶을 살고 있을까요? 겉과 속에 문제는 없는 걸까요? 믿는 척은 하는데 믿음이 없는 사람들, 말은 그럴듯한데 선한 열매가 없는 사람들, 차지도 뜨겁지도 않은 미지근한 사람들, 세상 복만 추구하고 진리의 말씀에는 무관심한 사람들 등 현대판 바리새인들이 너무 많이 눈에 보이는 것이 현실을 말해줍니다. 이런 종교인들이 시대를 막론하고 여전히 존재하고 있다는 것이 마음을 무겁게 합니다. 물론 어느 시대에나 시대를 뛰어넘어 늘 있어왔던 모습이고 현상들이기도 한 것은 사실입니다.

그럼에도 불구하고 너무 많은 바리새인들, 다시 말해 영적 지도자인 척 위선하는 사람들, 신앙적으로 뿌리 깊게 병든 사람들, 신앙생활이 아닌 교회생활만 하는 심히 불편한 사람들, 속 빈 강정 같은 불량한 종교인들이 신앙인이란 이름으로 살포시 위장하여 이 시대에 그럴듯하게 활동하고 있는 것은 아닌지 걱정스럽기만 합니다. 죄에 대한 깊은 고뇌와 통곡이 없고, 가슴 치는 회개와 처절한 절규가 없는, 무감각한 종교인만 양성하는 무감각한 시대는 아닌지 심히 우려스럽습니다. 거룩함과 경건의 모습은 사라지고 즐길 거리 재밌거리만 찾아 모이는 교회로 변질되고 있지는 않은지 염려스럽습니다.

이러한 긴박한 시대일수록 건강한 그리스도인이라면 한 번쯤은 자기 자신에 대한 신앙점검이 필요합니다. 건강하게 균형을 잡으며, 하나님의 선한 일꾼으로 살아가고 있는지 스스로에게 물어보고 답을 찾는 여정이 있어야 합니다. 뜻있는 사람들 중에는 심각한 고뇌와 아픔을 통해 이런 일련의 과정을 점검하며 헤쳐나가는 분들도 있습니다. 하지만 대다수의 신앙인들은 아쉽게도 신앙점검에 관심 없는 것이 현실입니다. 성경은 이렇게 말씀합니다. "너희는 믿음 안에 있는가 너희 자신을 시험하고 너희 자신을 확증하라"(고후13:5).

자신을 시험하는 것이 자신에 대한 점검입니다. 신앙점검을 잘 해야 더 길게, 더 넓게, 더 깊게, 더 크게 건강한 신앙생활을 할 수 있기 때문입니다. 한편 신앙점검이 부실하면 어느 순간 버림받을 수 있다는 것도 염두에 두어야 합니다. 시작은 신앙인이었는데 신앙의 과정은 애매모호한 신앙인으로 살아가다 마지막은 불신앙인으로 버림받는다면 이것보다 더 큰 불행은 없을 것입니다.

신앙인이 되었다면, 그래서 신앙인의 기쁨과 영광스러운 복을 정녕 안다면 과정도 그리고 마지막도 신앙인으로 흔적을 남겨야 하지 않을까요? 그러기 위해서는 무시로 자신의 신앙을 여러모로 점검해야 합니다. 성경을 기준 삼아 예배, 말씀, 기도, 찬양, 감사, 헌신, 기쁨, 언어, 태도, 행동 등을 때를 따라 점검한다면 자신의 신앙성숙은 물론이고 주변 사람들에게도 신앙인의 진정한 향기를 은은하게 풍기는 계기가 될 것입니다.

신앙을 점검하며 여러 해 동안 순간순간 써 내려갔던 기록들을 간추려 한 권의 책으로 엮어보았습니다. 치열하게 살았던 또 하나의 삶의 흔적이자 목회 흔적의 소리 없는 외침들이기에 마음 찡한 감정도 밀려오고, 또한 그만큼 부족한 점들도 보이기에 아쉬움이 남는 것도 사실입니다. 아무쪼록 바라기는 이 책이 이 땅 위에서 정도(正道)를 걷기 위해 부단히 기도하고 하나님만 바라보고 의지하며 믿음으로 살기를 애쓰는 신앙인들에게 하나의 작은 응원이 되었으면 하는 마음입니다.

어느 작은 귀퉁이 이름 없는 곳에서도 반짝반짝 빛나는 인물들이 여전히 존재하고 있다는 희망들을 전하고 싶습니다. 말과 행동이 일치하고, 말에 맞게 행동이 따라주며, 말한 만큼 행동의 열매가 있다면 믿음의 사람으로 하나님께 인정받지 않겠습니까? 신앙점검이 필요합니다. 더 귀하고 슬기로운 신앙인이 되기 위해 지금 이 시대는 신앙을 점검해야 할 엄중한 시대입니다.

2021년 10월
삼흥 讀學記思房에서 최호준

1장
―――

그리스도인들에게 있어야 할 것

나는 지금 어떻게 살고 있는가?

　그리스도인답게 살아간다는 것은 무척 어려운 일입니다. 왜냐하면 조심해야 할 것도 많고, 극복해야 할 문제도 많고, 감당해야 할 십자가도 많기 때문입니다. 한편 그리스도인으로 살아간다는 것은 선택받은 사람만이 걸어갈 수 있는 길이기에 가슴 벅찬 감동과 뿌듯함이 공존하고 있는 것도 사실입니다. 우리는 그리스도인이기에 겪는 어려움과 그리스도인이기에 누리는 기쁨을 통해 항상 이렇게 질문하며 살았으면 좋겠습니다.

첫째, 시간 속에서 묵묵히 인내하며 성실하게 살아가고 있는가?
　분주하게 정신없이 살다보면 지금 어디를 향해 가고 있는지, 어떻게 살아가고 있는지도 모르게 금쪽같은 시간은 흘러 흘러갑니다. 할 수만 있으면 가야할 길을 분명하게 정하고, 정해진 길을 따라 앞만 보고 묵묵히 가다보면 그 언젠가 놀라운 기쁨과 수고와 애씀에 대한 열매를 맛보게 될 것입니다. 중요한 것은 언제나 인내와 성실입니다.
　"그런즉 너희가 어떻게 행할 것을 자세히 주의하여 지혜 없는 자 같이 말고 오직 지혜 있는 자 같이 하여 **세월을 아끼라** 때가 악하니라"(엡 5:15~16).

둘째, 하나님의 말씀을 배우고 익히는 데 최선을 다하고 있는가?

새로운 학문, 새로운 깨달음은 세상에 널려 있습니다. 좋은 말도 많고, 배워야 할 지식도 점점 더 많아지는 것이 현대인의 삶입니다. 세상적인 철학, 윤리, 과학, 가치관 등으로 인해 하나님의 말씀에 대한 확신과 결단이 흔들린다면 이보다 더 허무한 것은 없을 것입니다. 사실 이세상은 하나님의 말씀을 흔들고, 하나님의 말씀에 대해 애매하게 만드는 경우가 너무나 많기에 하나님의 말씀에 대해 배우고 익히는 데 열심을 다하고 경청하며 시간을 투자해야 합니다. 세상 가치관을 뛰어넘는 은혜와 믿음의 가치관으로 무장하는 길만이 살 길입니다.

"네가 **진리의 말씀**을 옳게 분변하며 부끄러울 것이 없는 일꾼으로 인정된 자로 자신을 하나님 앞에 드리기를 힘쓰라"(**딤후**2:15).

셋째, 신앙생활을 통해 얼마나 성숙하며 발전하고 있는가?

완전한 사람도, 완벽한 그리스도인도 세상에는 없습니다. 조금씩은 모자라고 부족하며 어리석습니다. 하지만 하나님의 사람으로 선택되어 살아간다면 이제는 조금씩 새로워져야 하고, 변해야 하며, 달라져야 합니다. 나이를 먹으면 먹을수록 생각이 달라지고 보는 눈이 달라지듯이, 신앙생활을 하면 할수록 성숙하고 발전해야 하는 것은 당연한 것입니다. 교회생활, 가정생활, 언어생활 그리고 행동도 인격적이면서 품위 있는 모습으로 변해야 합니다.

"이 모든 일에 전심전력하여 **너의 성숙함을** 모든 사람에게 나타나게 하라"(**딤전**4:15).

의미 있는 고통

의미 없는 고통은 없습니다. 고통에도 뜻은 있습니다. 분별력 있게 바라볼 수 있다면 큰 복이 될 것입니다. 의미 있는 고통을 생각해 보면서 이 어려운 시기를 잘 이겨냈으면 좋겠습니다.

첫째, 무더위

우리 선조들은 '삼복더위에는 입술에 묻은 밥풀 하나도 무겁다'라고 말했습니다. 그만큼 무더운 날씨가 삼복더위입니다. 그럼에도 불구하고 무더위가 있기에 곡식이나 열매 맺는 과실들은 더 맛이 있고 더 튼실하게 자라며 더 풍성한 결실을 맺지 않겠습니까?

둘째, 해산

결혼하여 가정을 이루었으면 당연히 자녀를 낳는 것이 건강한 가정이라 할 것입니다. 특별히 말할 수 없을 정도의 고통스러운 해산을 통해 낳은 자녀는 얼마나 귀하고 얼마나 사랑스러울까요? 해산의 고통이 귀한 생명을 주었다면 의미 있는 고통 아니겠습니까?

셋째, 운동

운동을 통해 자신을 단련시키고, 가치관과 세계관을 넓혀 가는 것은 대단히 좋은 일입니다. 하지만 동반되는 땀과 눈물과 수고를 생각하면 운동의 고통도 그리 만만치 않음을 알 수 있습니다. 그럼에도 운동을 통해 얻는 성취감과 보람은 경험해 보지 않은 사람은 맛볼 수 없는 짜릿함 아니겠습니까? 운동에는 고통이 따르지만 한편으로는 건강한 삶을 허락하는 유익도 있음을 기억합시다.

넷째, 공부

'공부할 때 고통은 잠깐이지만 못 배운 고통은 평생 간다'는 말이 있습니다. 마음에 새기고 또 새길 일입니다. 어쩌면 우리가 만지고, 보고, 듣는 것은 모두 다 공부가 될 수 있습니다. 세상에서 공부 아닌 것이 없는데 막상 공부를 하려면 이만저만한 고통이 따르는 것이 아님을 발견합니다. 하지만 열심히 자기 분야에서 최선을 다해 공부해 두면 고통스럽기만 했던 공부가 오히려 희열과 보람을 준다는 것을 깨달을 날이 반드시 있을 것입니다.

다섯째, 의를 위해 받는 핍박

구원받은 하나님의 백성들이 당하는 신앙적인 핍박을 말합니다. 믿음으로 산다는 것 때문에 어려움 당하는 것을 말합니다. 교회 다니는 것을 시기하여 당하는 눈물과 한숨을 말합니다. 어쩌면 이런 핍박이 있기에 우리의 믿음이 더욱더 견고해지는 것 아니겠습니까? 핍박이 있다면 상급도 많을 것입니다. 힘낼 일입니다.

부녀자의 덕

심신을 힘들고 고통스럽게 하던 찌는 듯한 무더위도 조금씩 조금씩 다가오고 지나가는 자연의 섭리 앞에 조용히 말없이 고개를 숙이는 듯합니다. 강한 소나기가 지나가고 난 이후의 아침이라서 그런지 청순하고 맑은 아침은 평온하기만 합니다. '평화로움이란 이런 것이 아니겠는가!'라는 생각이 절로 들게 하는 넉넉한 아침에 부녀자의 덕을 생각해봅니다. 특별히 믿음으로 살아가는 모든 이들에게 관계되는 말씀이라 여겨 여기에 소개합니다. 우리 선조들이 귀하게 여겼던 부녀자의 덕은 다음과 같습니다.

첫째, 마음씨

착한 마음, 고운 마음을 말합니다. 마음 씀씀이가 고우면 모든 행동에서 아름다움이 풍겨나기 마련입니다. 우리 선조들이 최우선적으로 보았던 것이 마음씨였다면 마음을 가꾸고 다스리고 활용하는 데 최대한 힘써야 하는 것은 당연한 일이라 하겠습니다.

둘째, 맵시

몸을 깨끗하게 유지하고 옷을 단정하게 입는 것을 말합니다. 몸에 맞게 옷을 입는 것은 매우 중요합니다. 또한 때와 장소에 맞게 옷을 입는 것은 자신의 가치를 높이는 것입니다. 아무리 값나가는 비싼 옷이라도 맵시가 나지 않으면 값이 떨어지는 것입니다. 허름한 옷이라도 맵시가 있으면 값있게 보이게 마련입니다. 맵시는 그 사람의 정서를 보여주는 향기입니다.

셋째, 말씨

좋은 말을 가려 할 줄 아는 것을 말합니다. 상황에 맞는 말을 해야 한다는 것입니다. 지혜로워야 할 때는 지혜롭게, 유머스러워야 할 때는 유머스럽게, 위엄스러워야 할 때는 위엄스럽게…. 상냥하게 좋은 말을 가려 하는 것은 스스로를 높이는 품위 있는 행동입니다. 말씨의 중요함은 누구나 다 공감하는 부분입니다.

넷째, 솜씨

손맛은 음식의 맛을 결정짓습니다. 좋은 음식을 정결하게 준비하여 오는 손님을 잘 맞이하면 그 기쁨 또한 대단하다 하겠습니다. 자고로 부녀자에게 있어 솜씨는 일평생을 투자하고 일평생 동안 발휘해야 할 필수 덕목입니다. 솜씨 좋은 사람치고 언제 어디서나 칭찬받지 못할 사람은 없습니다. 솜씨는 부녀자들에게 평생 쫓아다니는 삶의 훈장입니다.

결코 돌이킬 수 없는 것

살아간다는 것은 실수를 반복하면서 깨닫고 나가는 것이기도 하고, 상처를 받으면서 견고해지는 것이기도 하며, 충격을 견디면서 강해지는 것이 아닌가 싶습니다. 그런 가운데서도 아쉽고 안타까운 것이 있으니 이것을 일컬어 한번 지나가면 결코 돌이킬 수 없는 것이라고 말합니다.

첫째, 사람의 입을 통해 쏟아낸 말입니다.

한번 내뱉은 말은 주워 담을 수 없는 것이 현실입니다. 말의 실수가 없다면 그 사람은 대단한 사람입니다. 누구나 말의 실수는 있고 이 말의 실수를 어떻게 하면 최소화하면서 살 것인지를 생각하는 지혜로움이 있어야 합니다. 온통 시끄러운 세상살이 속에서 잘 듣고 잘 말한다면 남부끄럽지 않은 자산을 가진 사람임에는 분명합니다.

"사람은 그 입의 대답으로 말미암아 기쁨을 얻나니
때에 맞는 **말이** 얼마나 아름다운고"(잠15:23).
"경우에 합당한 **말은** 아로새긴 은쟁반에 금사과니라"(잠25:11).

둘째, 누구나 똑같이 주어진 시간입니다.

시간은 곧 생명입니다. 그러기에 우리는 시간을 먹고, 시간을 마시며, 시간 속에서 살아가는 고귀한 존재들입니다. 시간은 한번 지나가면 결코 돌이킬 수 없는 무서운 존재입니다. 시간을 낭비하고 헛되이 보내는 것만큼 어리석은 것도 없을 것입니다. 문제는 우리가 이런 사실을 너무나 늦게 깨닫는다는 것입니다. 깨닫고 정신 차리고 보면 어느덧 시간은 저만치 멀리멀리 지나가고 있음을 발견합니다.

시간만큼 절박한 것도 없습니다. 시간만큼 아쉬운 것도 없습니다. 시간만큼 냉철한 것도 없습니다. 그러므로 시간을 아껴 사용해야 합니다. 시간을 지혜롭게 관리할 줄 알아야 합니다. 시간을 적절하게 활용할 줄 아는 성숙함이 있어야 합니다.

"**세월을** 아끼라 때가 악하니라"(엡5:16).

셋째, 어느 날 갑자기 찾아오는 죽음입니다.

우리가 잘 먹고 잘 살기를 원하는 것은 어쩌면 죽음을 잘 맞이하기 위한 몸부림인지도 모릅니다. 어느 누구에게도 예외일 수 없고, 비껴가지 않을 죽음을 어떻게 받아들이냐 하는 것은 이 땅 위에서 어떻게 살았느냐에 달려있을 것입니다. 죽음을 향해 서서히 다가가는 살아 숨 쉬는 과정이 인생이라면 우리는 지극히 겸손하고 지극히 낮은 마음으로 주어진 삶을 알뜰살뜰 살아야 합니다.

왜냐하면 한번 주어진 찬란한 인생이야말로 놀라운 기회이자 다시없을 특권이기 때문입니다. 언제, 어떻게 다가올지 모를 죽음을 항상 대비하면서도 결코 후회하지 않을 인생살이를 귀하게, 멋있게 살아냈으면 좋겠습니다.

"한번 **죽는 것은** 사람에게 정하신 것이요 그 후에는 심판이 있으리니"(히9:27).

약점

　세상살이 속에서 약점 없는 사람이 있겠습니까? 사람으로 태어났다면 누구에게나 약점은 있습니다. 이런 약점을 사람들은 감추려 하고, 덮으려 하고, 없는 것처럼 행동합니다. 약점이 드러나서 좋을 것이 없기 때문입니다.

– **약점**을 장애물로 생각합니다.
– **약점**을 거추장스러운 외투라고 생각합니다.
– **약점**을 연약함의 깊은 밑바닥으로 생각합니다.

　그러나 깊이 생각해 보아야 합니다.
– **약점**이 있기에 더욱 노력합니다.
– **약점**이 있기에 더욱 수고하고 애씁니다.
– **약점**이 있기에 성실할 수 있습니다.
– **약점**이 있기에 겸손하게 됩니다.
– **약점**이 있기에 인간의 한계를 알게 됩니다.
　성공한 대부분의 사람들도 자세히 살펴보면 약점이 있음을 발견합니다. 그럼에도 불구하고 그 약점을 발판 삼고 그 약점을 강점으로 만들어가면서 뜨거운 마음과 끝까지 인내하는 성실함으로 자기 분야, 자기 삶을 훌륭하게 가꾸어 간 것을 보게 됩니다. 약점은 삶에 있어 가끔씩 위기를 몰고 옵니다. 말할 수 없는 고통을 동반합니다. 좌절과 한숨에 눈물짓게 합니다. 그러나 바꾸어 생각해 보면 약점은 기회가 될 수 있습니다. 새로운 시각을 눈뜨게 하는 데 기여할 수 있습니다. 잠자던 의식에 활력을 불어넣어줄 수 있는 불씨가 될 수 있습니다.

약점은 위험하기도 하고 불안하게도 하지만 상대적으로 강하게도 하고 힘쓰고 애쓰도록 만들어 주기도 한다는 것을 알아야 합니다. 약점을 인정할 것은 인정해야 합니다. 더불어 약점을 통해 한 단계 성숙된 신앙으로 발전시켜 갈 책임이 우리 그리스도인들에게 있음을 놓치지 말았으면 좋겠습니다. 우리 모두 완벽하고 온전하면 좋겠지만 그렇지 못한 것이 몹시 아쉽습니다.

성경은 이렇게 말씀합니다.
"내게 이르기를 내 은혜가 네게 족하도다 **이는 내 능력이 약한 데서 온전하여짐이라** 하신지라 이러므로 도리어 크게 기뻐함으로 **나의 여러 약한 것들에 대하여 자랑하리니** 이는 그리스도의 능력으로 내게 머물게 하려 함이라 그러므로 내가 그리스도를 위하여 약한 것들과 능욕과 궁핍과 핍박과 곤란을 기뻐하노니 이는 **내가 약할 그 때에 곧 강함이니라**"(고후12:9~10).

이청득심(以聽得心)

이청득심(以聽得心)이라는 말은 '들음으로써 마음을 얻는다'라는 뜻입니다. 잘 들을 때 마음을 얻을 수 있습니다. 잘 들을 때 오해와 갈등은 원만하게 해결될 수 있습니다. 잘 들을 때 형통해질 수 있는 기회가 생깁니다. 언제나 문제는 한쪽으로 치우칠 때 생기는 것이고 그래서 균형을 잃어버리는 실수를 범합니다. 일방통행일 때 잡음이 생기고 혼란은 가중됩니다. 귀 기울여 경청하고, 존중하고, 배려하면 싸움도, 이기적인 마음도, 불평도, 견제도, 질투도, 미움도 사라지지 않겠습니까?

사람의 마음을 얻으려고 해도 이렇듯 겸허한 마음이 반드시 필요한데 하나님의 마음을 얻으려면 과연 어떻게 해야 할까요? 마음을 다하고, 뜻을 다하고, 정성을 다해 하나님의 음성을 들어야 하지 않겠습니까? 낮은 마음, 진실한 마음, 깨끗한 마음을 갖고 하나님의 음성에 귀 기울여야 하지 않겠습니까? 억지로가 아니라, 남의 눈 때문이 아니라 믿음과 소망과 사랑의 마음으로 하나님의 음성을 경청해야 하지 않겠습니까?

분명한 사실은 하나님도 우리의 기도에 귀 기울이신다는 것입니다. 우리의 통곡에 귀 기울이신다는 것입니다. 우리의 외침에 귀 기울이신다는 것입니다. 그리하여 마침내 응답하시는 분이십니다. 어떤 때는 기나긴 시간 속에서, 어떤 때는 짧디짧은 시간 속에서 응답하십니다.

하나님의 음성에 귀 기울여 하나님의 마음에 합당한 사람으로 이 혼란스러운 시대에 쓰임 받을 수 있다면 이것보다 더 귀한 영광은 없을 것입니다. 다시 한 번 이청득심(以聽得心), '들음으로써 마음을 얻는다'는 의미를 깊이 되새겨볼 일입니다.

"그러므로 믿음은 **들음에서** 나며
들음은 그리스도의 말씀으로 말미암았느니라"(**롬**10:17).

연탄 - 연탄 불

언제나 어김없이 나이 드신 분들이 겨울 추위가 다가오면 하는 말들이 있습니다. '겨울에는 먹을 양식과 따뜻하게 해줄 땔감만 있으면 아무런 걱정이 없다'고 말이지요. 맞는 말인 것 같습니다. 양식이 있고 땔감만 있으면 무슨 걱정이 있겠습니까?

저희 아버지는 제가 중학교 2학년 때까지 연탄배달로 저희 가정을 꾸려가셨습니다. 저녁에 집으로 돌아오실 때에는 어김없이 연탄 두어 장을 자전거 뒷자리에 묶어서 가지고 오시곤 했습니다. 하루 계산하고 남은 자투리 돈으로 연탄을 가지고 왔다고 하시면서요. 연탄을 피우면서 연탄가스에 중독되어 어려움을 당한 적도 많이 있었고, 연탄불을 꺼뜨리지 않기 위해 겨울 깊은 밤에 자다가도 벌떡 일어나 연탄불을 점검했던 기억이 새롭습니다.

연탄을 배달하시는 아버지의 모습을 보면서 왠지 모르게 가슴 아팠던 일도 있었고, 아버지를 돕는다고 연탄을 가득 채운 리어카를 뒤에서 밀고, 무거운 연탄을 손에 들고 몇 장씩 나르던 어릴 적 모습도 새록새록 그리운 추억으로 떠오르기도 합니다.

농촌에서 목회하면서 오랜 시간 연탄을 피웠고, 연탄을 피울 때마다 저의 어릴 적 추억을 생각하며 때로는 따뜻한 감흥으로, 한편으로는 어렵고 가난했던 시절의 안쓰러움이 겹쳐지는 옛 슬픔으로 다가오기도 합니다. 특히 연탄을 배달하러 온 분들을 볼 때마다 "나도 연탄배달 집 자식이었고, 그 연탄배달로 우리가 살았고 공부했다"고 말하곤 했습니다.

이곳 삼흥에 와서도 연탄보일러로 난방을 하게 되었고, 여러 해 동안 겨울 추위에 연탄보일러의 따뜻함을 실감하며 별다른 어려움 없이 잘 보내고 있습니다. 이런 연탄에 대한 고마움과 애정을 담아 연탄을 피우면서 느꼈던 삶의 지혜를 여러분과 함께 나누었으면 합니다.

첫째, 연탄불도 부지런하고 성실해야 잘 관리할 수 있습니다.
조금만 여유를 부리고 신경을 쓰지 않으면 어느새 연탄불은 꺼지고 방은 차가운 냉기가 돌고 도는 추위가 찾아옵니다. 이럴 때의 암담함은 너무나 엄중하기만 합니다. 부지런함과 성실함은 삶에 있어 반드시 갖추어야 할 필수 조건인 것 같습니다. 부지런하고 성실하게 시간을 맞추고 관리할 때 연탄불은 꺼지지 않고 살아 움직인다는 사실입니다. 이럴 때의 대가는 평안함과 따뜻함이며 넉넉함과 여유입니다.

둘째, 연탄불은 희생과 헌신의 상징임을 발견합니다.
희생하고 헌신하기 위해 연탄이 만들어지고 사용된다면 그것은 아주

홀륭하게 쓰임 받는 것입니다. 분명한 목적에 의해 자신이 해야 할 일을 충분히 잘 감당한다면 그것보다 더 아름다운 일은 없을 것입니다. 아낌없이 주고 어김없이 자신을 비우는 과정은 우리가 연탄불을 통해 배워야 할 자세이기도 합니다. 불사름으로 또다시 다른 이에게 뜨거운 생명을 이어주고 또 이어주는 연속된 과정은 태어나고, 살고, 죽고, 태어나고, 살고, 죽고 하는 우리의 인생과정을 상징하는 좋은 모델이 되기도 합니다.

셋째, 연탄불은 유익하기도 하지만 위험한 도구가 되기도 한다는 것입니다.

무엇이든지 잘 관리하여 귀하게 쓰면 삶에 이롭지만 부실하게 관리하고 생각 없이 사용하면 삶에 전혀 도움이 되지 않는 경우가 허다합니다. 겨울하면 추위와 눈이 생각나기도 하지만 다른 한편으로는 건조함과 가뭄 그리고 불조심 강조의 계절이기도 하기에 늘 조심하고 조심해야 합니다. 똑같은 연탄불이 한편으로는 인간에게 선한 유익을 주기도 하고, 한편으로는 엄청난 불행을 불러일으킬 수도 있기에 삼가 경각심을 갖고 또 갖는 마음가짐이 있어야 할 것입니다.

겨울이 깊어가고 있습니다. 한 해도 마무리해야 할 시간이 얼마 남지 않았습니다. 우리들의 삶도 여전히 요동치며 쏜살같이 달려가고 있습니다. 우리 주위에 연탄불 같이 따뜻한 이웃, 따뜻한 가정, 따뜻한 교회가 많았으면 좋겠습니다. 할 수만 있다면 나 자신이 따뜻한 연탄불이 되면 어떻겠습니까?

본다는 것

세상 돌아가는 상황을 볼 때마다 위험스럽기도 하고, 아슬아슬하기도 하고, 답답하기도 한 것은 무엇 때문일까요? 화려하고, 풍성하고, 발전하는 것 같은데 사회적인 문제나 인간적인 문제는 더욱더 복잡하고 힘겨운 것은 무엇 때문일까요? 바쁘게 움직이지만 고독하고, 열심히 살아가지만 고달프고, 반복되는 일상생활 속에서 상대적으로 박탈감을 느끼는 것은 무엇 때문일까요? 사람에게는 세 종류의 눈이 있습니다. 이 세 종류의 눈을 통해 해답을 찾고 깊이 있는 삶과 견고한 신앙생활을 유지했으면 좋겠습니다.

첫째, 육체의 눈을 통해 세상을 보는 것입니다.

이것을 육안(肉眼)이라고 말합니다. 밝은 빛을 통해 세상을 보고 느끼지만 밝은 빛이 없으면 아무것도 볼 수 없는 눈을 말합니다. 볼 수 있는 곳이 한정되어 있고 그 이상을 볼 수 없는 약점이 있습니다. 육체의 눈을 통해 세상을 바라보면 결코 많은 것을 볼 수 없습니다. 지극히 작은 것만 보는 것입니다. 보이는 것만이 전부가 아니라는 것을 알아야 하지 않겠습니까?

둘째, 학문의 눈을 통해 세상을 보는 것입니다.

이것을 지안(知眼)이라고 말합니다. 배우고 익히고 알아가면서 세상을 보고, 사람을 보고, 현상을 보는 눈을 말합니다. 학문적인 깨우침이 있을 때 보이는 눈을 말합니다. 깨우침이 없다면 아무리 보려고 해도 보이지 않는 눈을 말합니다. 자신이 배우고 익힌 것을 넘어설 수 없는 약점이 있습니다. 배우고 익히는 것도 한계가 있지 않겠습니까?

셋째, 믿음의 눈을 통해 세상을 보는 것입니다.

이것을 영안(靈眼)이라고 말합니다. 계시된 하나님의 말씀을 통해 믿음의 눈으로 세상을 보고, 역사를 보고, 흐름을 바라보는 눈을 말합니다. 불합리한 것, 모순된 것, 혼란스러운 것 등을 보고, 죄 된 것, 부패한 것, 종말의 현상도 보며, 선한 것, 의로운 것, 깨끗한 것이 무엇인지도 분명하게 볼 수 있는 눈을 말합니다. 믿음만 있으면 환하게 볼 수 있으니 귀한 눈인 것만은 분명하지 않겠습니까?

어떤 눈을 갖고 세상을 바라보느냐는 매우 중요합니다. 믿음으로 구원받은 하나님의 자녀라면 영안(靈眼)을 갖고 세상을 바라보고, 천국을 바라보는 지혜로운 사람으로 살아가야 되지 않겠습니까?

"예수께서 대답하여 가라사대 진실로 진실로 네게 이르노니 **사람이 거듭나지 아니하면** 하나님 나라를 볼 수 없느니라"(요3:3).

소금 같은 사람

이 세상에는 훌륭한 사람, 뛰어난 사람, 앞서간 사람, 빛나는 사람들이 요소요소마다 많이 있습니다. 이런 사람들을 우리는 영웅이라고 말합니다. 위대한 인물들이라고 말합니다. 지도자가 될 만한 사람들이라고 말합니다. 그래서 보통 사람들과는 다르다고 말합니다. 하지만 세상을 가만히 살펴보면 지극히 평범한 사람들이 더 많고, 더 많이 일하고, 더 많이 따뜻하게 하고, 더 많이 기분 좋게 하는 경우가 허다합니다.

에이브러햄 링컨은 이렇게 말합니다.
"하나님은 평범한 사람들을 제일 사랑하신다.
왜냐하면 평범한 사람을 제일 많이 만드셨기 때문이다."

이런 평범한 사람들을 소금 같은 사람들이라고 칭찬하고 싶습니다. 이 세상에서 없어서는 안 될 소중한 사람들이라고 높여드리고 싶습니다. 소리 소문 없이 자기 역할을 충실히 감당하는 지극히 겸손한 영웅들이라고 불러드리고 싶습니다. 평범한 사람들은 소금 같은 사람들입니다. 이렇게 느끼는 이유가 있습니다.

첫째, 서로에게 꼭 필요한 사람들이기 때문입니다.

둘째, 조용히 스며들어 조화와 균형을 잘 맞추기 때문입니다.

셋째, 희생하고 헌신하므로 공동체를 빛나게 할 줄 알기 때문입니다.

넷째, 드러나지는 않지만 묵묵히 전해지는 영향력은 지대하기 때문입니다.

다섯째, 사람들이 연합할 때 더 크게 쓰임 받는다는 사실을 잘 알고 있기 때문입니다.

성경에도 평범한 사람들이 많이 등장합니다. 기독교 역사에도 평범한 사람들은 무수히 많이 있었습니다. 이 시대 우리 주위에도 평범한 사람들은 많이 있습니다. 영웅적인 사람들이 많은 것보다 평범하면서도 소금처럼 자기 역할을 잘 감당하는, 이웃집 같으면서도 친구 같은 사람들이 많은 것이 오히려 건강한 공동체, 건강한 교회가 아닐는지요.

화려하지도, 알려지지도, 뛰어나지도 않은 평범하면서도 소금 같은 사람들이 많았으면 좋겠습니다. 평범한 삶, 평범한 가정, 평범한 사람됨이 쉽지 않은 요즘입니다. 그럼에도 불구하고 평범함 속에서 위대함을 발견하는 지혜로운 그리스도인으로 순간순간을 살아내야 하지 않을까요?

"너희는 세상의 **소금이니**"(마5:13).

예배

한국 교회에 대한 우려의 목소리가 최근에 부쩍 증가하고 있습니다. 많은 문제와 여러 가지 사건들로 어려움을 당하고 있지만 그 중에서도 예배의 관념이 점점 흐려지고 있다는 것에 대해 대단히 염려하고 있습니다.

예배는 그리스도인이 지켜야 할 절대적인 핵심가치입니다. 놓칠 수 없는 생명과도 같은 것입니다. 예배 없는 신앙생활은 존재할 수 없고, 예배 없는 그리스도인은 그리스도인이라 할 수 없기 때문입니다. 그런데 지극히 우려스러운 것은 예배에 대해 애착이 없는 그리스도인이 점점 더 많이 생겨나고 있다는 점입니다.

- 주일에 자녀들을 교회 예배보다 학원 수업에 보내고도 전혀 이상하게 여기지 않는 그리스도인 부모들.
- 주일에 일이 생기면 교회 예배보다 그 일에 더 신경 쓰고 예배는 관심 없는 그리스도인들.
- 예배를 보기만 할 줄 알았지 예배를 통해 드리고 받을 줄 모르는 직분

자들.
- **예배를 상품처럼 광고하고, 프로그램처럼 여기며, 교회 성장과 부흥
의 수단으로 생각하는 목회자들.**

예배는 하나님을 향한 거룩한 경배입니다. 예배는 하나님 한 분만으
로 만족하겠다는 것을 드러내는 정성어린 헌신입니다. 예배는 하나님
뜻대로 살겠다는 결단입니다. 그러므로 예배는 전지전능하시고 거룩하
신 하나님께 아낌없이 찬양과 영광을 돌리며 감사하고 헌신하며 결단
하는 행위를 말합니다.

교회가 살아 있느냐 하는 것은 예배에 달려 있습니다. 그리스도인으
로서 살아 있느냐 하는 것은 예배에 달려 있습니다. 신앙생활이 살아
있느냐 하는 것은 예배에 달려 있습니다. 한국 교회의 믿음의 선배들은
예배를 생명처럼 여겼습니다. 예배에 우선적으로 집중하는 삶을 살았
습니다. 예배를 통해 구원받은 감격을 마음껏 표현했습니다. 예배에 대
한 올바른 인식과 올바른 관심과 올바른 태도가 요청되는 시대입니다.
예배에 대한 순수함을 되찾아야 합니다. 예배에 대한 거룩함을 잊지 말
아야 합니다. 예배에 대한 간절함을 회복해야 합니다.

예배를 통해 영감을 얻고, 새 힘을 공급받으며, 비전을 발견해야 합니
다. 예배를 무엇을 위한 도구로, 수단으로, 방법으로 생각한다면 그것
은 대단히 잘못된 생각입니다. 그리스도인들은 예배를 통해 구원과 구
원의 감격을 맛보고, 하나님의 놀라운 사랑하심과 그 깊으신 뜻을 온몸

으로 느끼며, 앞으로 펼쳐질 시간에 대한 기대와 애틋함을 어떻게 하면 감사하고 헌신하며 살 수 있을까를 다짐하고 결단해야 합니다. 예배 없는 그리스도인의 삶은 상상할 수 없습니다.

진지한 물음

스쳐 지나가는 바람소리에도, 따스한 햇살을 맞으며 걸음걸음을 옮길 때에도, 사계절을 만나고 만나 계절의 변화를 쉼 없이 경험하면서도, 어두움과 아침이 반복되는 시간 속에서도, 건강한 교회 공동체 속에서도 진지한 물음은 계속되어야 합니다. 왜냐하면 깃털처럼 가볍고 바람처럼 정처 없는 것이 우리네 삶이기 때문입니다. 진지한 물음에 의미를 두고, 진지한 물음에 답할수록 정답은 분명히 보이기 때문입니다.

첫째, 나는 누구인가?

하나님께서 사람을 아름답게 창조하시고 '보시기에 심히 좋았더라'라고 감탄하셨던 피조물 아닙니까? 흠 많고 티 많은 존재임에도 불구하고 하나님 앞에서 귀하게 살아야 할 구원받은 사람으로 은혜를 듬뿍 받은 선택된 사람 아닙니까? 하나님과 사람 사이에서 겸손하게 낮은 마음으로 뜻을 세워 살아야 할 하나님의 백성 아닙니까?

"우리는 그의 만드신 바라 그리스도 예수 안에서 선한 일을 위하여 지으심을 받은 자니"(엡2:10).

그리고 보면 '나'라는 존재는 훌륭한 작품이고 '나'의 삶의 흔적은 기적의 연속임을 발견하며 무한히 감사하고 감격할 뿐입니다.

둘째, 어떻게 살 것인가?

이 세상의 모든 것들을 다 소유한들, 이 세상에서 빛나는 별처럼 찬란하게 살았다 한들, 이 세상에서 화려하게 성공했다 한들 하나님을 모르고 하나님의 영광을 위해 살지 않았다면 무슨 의미가 있겠습니까? 진지하게 하나님의 나라와 하나님의 의를 위해 살지 않았다면 무슨 의미가 있겠습니까? 믿음으로 하나님의 말씀에 붙잡혀 살지 않았다면 무슨 의미가 있겠습니까?

"너희는 먼저 그의 나라와 그의 의를 구하라 그리하면 이 모든 것을 너희에게 더하시리라"(마6:33).

분명한 것은 하나님을 아는 지식에서 자라가고 하나님의 은혜와 사랑을 깨닫고 느끼며 끊임없이 믿음으로 살아야 한다는 것만은 확실합니다.

셋째, 어디로 갈 것인가?

가야 할 곳이 분명한 사람은 상하좌우로 흔들리지 않습니다. 쳐다봐야 할 목표가 확실한 사람은 결코 뒤돌아보지 않습니다. 때를 분별할 줄 아는 사람은 무슨 일이 일어난다 해도 두려워하지 않습니다. 왜냐하면 우리는 우리가 가야 할 방향이 어디인지 알고 있기 때문입니다.

"이는 만물이 주에게서 나오고 주로 말미암고 주에게로 돌아감이라"(롬11:36).

언젠가 시간의 차이는 있겠지만 우리는 모두 주님 앞으로 돌아갈 것입니다. 돌아가야 할 천국 고향집을 생각하며 순간순간 알차게 살아야 할 것입니다.

하나님의 말씀에 붙잡힌 사람

　세상살이 속에서 멋있게 사는 방법은 다양합니다. 다양한 세상살이 가운데서 특별히 한 분야에 집중하고 한 분야에 대해 끊임없이 연마하여 어느 순간 달인의 경지에 이른 사람들을 보며 우리는 "멋있다", "멋있게 산다", "멋있는 사람이다"라고 말합니다. 모두가 다 자기의 영역에서 달인은 될 수 없겠지만 묵묵히 자기 일에 전념하는 사람들이 많을 때 달인은 계속 배출되고 탄생되는 것이 아니겠습니까? 자기 영역에 붙잡혀 쓰임 받는 사람들은 달인의 기질이 충분한 사람들입니다.

　미국의 저명한 기독교 윤리학자이자 신학자인 라인홀드 니버는 『도덕적 인간, 비도덕적 사회』라는 책에서 인간의 한계를 분명하게 말합니다. 그것은 인간이 한 개인으로서 도덕성을 잘 유지할 수 있다 할지라도 비도덕적인 사회에 들어가면 근본적인 난관에 봉착하고 만다는 것입니다. 우리가 살아가는 사회의 단면을 보더라도 인간이 구조적인 병폐 속에서 얼마나 힘없고 무기력한 존재인가를 쉽게 발견할 수 있습니다. 그러므로 우리 그리스도인들이 잠시 잠깐 방심하다 보면 사회생활 속에서 붙잡아야 할 것들이 너무 많이 생기는 것을 절감하게 되고 그것들을 정신없이 따라가고 붙잡다가 무늬만 그리스도인이 되는 경우가 너무나 많은 것을 보게 됩니다.

우리 그리스도인은 하나님의 말씀에 붙잡힌 사람으로 살아야 할 사람들입니다. 사도 바울에 대해 성경은 이렇게 기록합니다. **"하나님의 말씀에 붙잡혀 유대인들에게 예수는 그리스도라 밝히 증거하니"**(행 18:5). 저는 지난 한 주 내내 과연 하나님의 말씀에 붙잡힌 사람이란 어떤 사람일까를 곰곰이 묵상하면서 이렇게 요약해 보았습니다.

첫째, 하나님의 말씀을 중심으로 살겠다는 사람.
둘째, 하나님의 말씀을 최고의 권위로 인정하겠다는 사람.
셋째, 하나님의 말씀이 없으면 조금도 살 수 없다는 사람.
넷째, 하나님의 말씀의 힘으로 일하고 전도하고 견디겠다는 사람.
다섯째, 하나님의 말씀이 있기에 용기를 갖고 담대히 전진할 줄 아는
　　　　사람.
여섯째, 하나님의 말씀에 따라 행동하고 심고 열매를 맺겠다는 사람.
일곱째, 하나님의 말씀이 생명이고 빛이며 희망인 줄 확신하는 사람.

하나님의 말씀에 붙잡힌 사람으로 살아간다는 것이 어쩌면 세상 사람들 눈에는 시대적으로 맞지 않을 수도 있습니다. 시대적인 감각에 한참 뒤떨어지는 모습일 수도 있습니다. 시대적인 흐름을 조금도 읽지 못하는 답답한 사람으로 비추어질 수도 있습니다. 하지만 분명한 것은 하나님의 말씀에 붙잡혀 있지 않다면 우리 그리스도인들은 이 시대를 살

아가면서도 아슬아슬하게 살아갈 수밖에 없고, 어정쩡한 가운데서 헤맬 수밖에 없으며, 무감각하고 무기력한 가운데 맥 빠진 삶을 살아갈 수밖에 없다는 사실입니다.

　시대를 초월하여 계시하시는 하나님의 말씀을 굳게 믿고, 최고의 권위와 능력으로 앞서가시는 하나님의 말씀을 의지하고, 번뜩이는 지혜와 용기와 격려로 함께하시는 하나님의 말씀을 붙잡으면 이 시대 속에서도 사도 바울처럼, 예수님의 열두 제자처럼, 믿음의 선배들처럼 쓰임받으리라 확신합니다. 하나님의 말씀에 붙잡힌 사람으로 산다는 것은 특권이자 영광입니다. 여러분은 이 시대 이 현장 속에서 무엇에 붙잡혀 살아가고 계십니까?

균형

균형을 잡는다는 것은 쉬운 일이 아닙니다. 균형을 이루며 살아간다는 것도 결코 쉬운 일이 아닙니다. 균형을 유지한다는 것은 더더욱 쉬운 일이 아닙니다. 삶의 과정 속에서 균형의 조화가 얼마나 중요하고 필요한지를 절감합니다. 너무 한쪽으로 치우치는 것도, 너무 앞서가는 것도, 너무 아무 생각 없는 것도 문제인 것만은 분명합니다. 우리 그리스도인들이 세상살이 속에서 균형에 대해 예민하게 반응해야 할 것이 있다면 그것은 무엇일까요?

첫째, 대화 속에서의 균형입니다.

말 때문에 복이 임하는가 하면 말 때문에 화가 임하기도 합니다. 일방적으로 말할 때 실수할 수 있고 일방적으로 들을 때 스트레스를 받을 수 있습니다. 자신의 말만 하면 시원할지는 몰라도 자신의 말로 인해 상대방은 고통스럽습니다. 그래서 누구를 만나 대화한다는 것이 조심스럽고 긴장되는 것은 어찌할 수 없는 현실인 것 같습니다. 그러기에 우리는 누구나 다 이런 허물과 약점들이 있음을 알아 조심하고 또 조심한다면 대화 속에서의 균형이 올바르게 잡히리라 확신합니다. 상대방을 배려하고 신경 쓰는 것은 대화의 기본입니다.

둘째, 행동 속에서의 균형입니다.

"예, 그렇게 하겠습니다"하고 말은 했으나 결국 아무것도 하지 않는 사람이나, "아니오, 할 수 없습니다"하고 말은 했지만 결국 시킨 일을 감당하는 사람이나, 모두 다 균형감각을 잃어버린 것은 사실입니다. 우리는 누구나 다 이런 행동 속에서 살아갑니다. 시간이 지나고 또 지나 돌이켜보면 후회하고 가슴 칠 수밖에 없는 행동들을 서슴없이 하는 우리가 아닙니까? 무엇이 우선이고 중요한지를 가려 할 줄 아는 균형 잡힌 행동이 절실히 요구되는 시대입니다.

셋째, 인간관계 속에서의 균형입니다.

삶은 관계로 이어지고 그 관계는 삶을 지탱하게 해줍니다. 인간관계가 좋지 않으면 모든 일들에 실패할 가능성이 많다고 사람들은 말합니다. 인간관계를 잘 맺어두는 것이 무형의 자산이 될 수 있는 시대이고 보니 너도 나도 인간관계에 신경을 씁니다. 하지만 균형을 잡지 못한 인간관계는 오히려 상처가 되고 분쟁이 되고 고통만 더해 준다는 것을 명심해야 합니다. 인간관계 속에서의 올바른 균형을 위해 겸손하고 낮은 마음으로 살아간다면 얼마나 좋겠습니까? 사람 위에 사람 없고, 사람 밑에 사람 없다는 마음으로 인간관계를 맺어 간다면 세상은 좀 더 밝아지고 깨끗해지지 않겠습니까?

짧지만 아름다운 글

때로는 가슴 서늘하면서도 아름답고, 아름다우면서도 가슴 서늘하게 만드는 짧은 글을 만날 때가 있습니다. 스쳐 지나가다가 만나기도 하고, 어느 순간 갑자기 눈에 보이기도 하고, 오랫동안 경험된 것이면서도 미처 깨닫지 못하다가 한순간에 정신이 번쩍 들게 하는 짧은 글들이 있습니다. 이런 짧은 글이 평생의 삶을 좌우할 수도 있습니다. 위대한 일을 꿈꾸고 위대한 일에 헌신하게 할 수도 있습니다. 꽉 막혀 있던 현실에서 한줄기 희망의 빛이 되기도 합니다. 저의 신앙과 목회여정 가운데서 만났던 가슴 서늘하면서도 아름다웠던 짧은 글들을 여러분과 나누고 싶습니다.

하나, "생활 즉, 목회"라는 글입니다.

한국침례신학대학교 남자 기숙사 정문에 당당하게 쓰여 있는 글입니다. 앞으로 목회자들이 될 목회자 후보생들에게 무언의 소리로 경각심을 일깨워주는 의미 깊은 글로 오랫동안 많은 목회자 후보생들에게 영향을 끼친 글입니다. 제가 학교 다닐 때 보았던 글이면서 우리 아들이 학교에 입학하고 나서 기숙사를 방문했을 때 학생의 심정으로 새롭게 쳐다볼 수밖에 없었던 글이기도 합니다. 한편으로는 당연한 글이고, 자연스러운 글이며, 그렇게 살아야 할 글이지만 현재 목회현장에서의 모습은 "생활 즉, 목회"가 되지 못하는 현실을 목격하고 경험하게 되니 반성을 거듭하게 하는 가슴 서늘한 글입니다.

하나, "공부할 때 고통은 잠깐이지만 못 배운 고통은 평생 간다"라는 글입니다.

처갓집 거실에 걸려 있는 글입니다. 한순간에 아찔한 경험을 하게 한 글이면서 평생을 가슴속에 새겨야겠다는 각오를 다짐하게 만든 글이기도 합니다. 어릴 때는 철이 없어서 놓치고, 어른이 되어서는 지나간 시간을 후회하면서 아쉬워하고, 정신없이 살다가 어느 날 문득 뒤를 돌아보며 그때 좀 더 열심히 했어야 했는데 하는 것이 공부가 아닌가 싶습니다. 사실 공부라고 했을 때 학교 공부만 공부는 아닐 것입니다. 세상에서 보고, 듣고, 느끼고 하는 모든 것이 공부라고 한다면, 각자에게 주어진 환경과 여건 속에서 공부하는 심정으로 성실하게 살아간다면, 새로운 공부에 도전하는 것이 아니겠습니까? 가슴 서늘함으로 오래도록 새겨둘 만한 아름다운 글입니다.

하나, "기도는 노동이고 노동은 기도이다"라는 글입니다.

태백 예수원에 가면 선명하게 쓰여 있는 글입니다. 가끔씩 예수원을 방문할 때마다 제일 먼저 떠오르는 글입니다. 많은 사람들이 알고 있고 자주 인용하는 글이기도 합니다. 매일매일 몸으로 행동으로 믿음의 삶을 실천하는 사람들의 일과를 간단하게 요약해서 보여주는, 삶과 신앙의 정도를 보여주는 인상 깊은 글입니다. 기도와 노동은 땀 흘리는 것입니다. 수고하고 애쓰는 것입니다. 시간을 투자하는 것입니다. 마음을 쏟아붓는 것입니다. 살아있다면 마땅히 감당해야 할 몫이기도 합니다. 기도할 때마다 가슴 서늘하면서도 아름답고, 아름다우면서도 가슴 서늘함을 느끼게 만드는 은혜로운 글입니다.

그리스도인들에게 있어야 할 것

완벽하게 갖추고 완전하게 살아가는 사람은 이 세상에 없습니다.

- 부족하니까 채우기 위해 힘쓰고
- 연약하니까 강하기 위해 애쓰고
- 모르는 것이 많으니까 알기 위해 공부하고
- 철이 없으니까 성숙하기 위해 몸부림치고
- 불안하니까 평안을 위해 오늘에 집중하고
- 실패하니까 성공을 위해 땀 흘리고
- 혼란스러운 일들이 많으니까 고민하고….

많은 문제들을 부여잡고 열심히 주어진 일들을 감당하며 살아가는 사람들이 바로 보통 사람들의 삶이라고 보면 될 것 같습니다. 이런 세상살이 가운데 우리 그리스도인들은 어떤 모습으로 살아가야 할까요? 찻잎을 자세히 보면 특유의 모습이 발견되는데 그것은 바로 색(色)과 미(味)와 향(香)이라고 말합니다. 찻잎을 생각하면서 그리스도인들도 이런 모습으로 살았으면 하는 마음입니다.

첫째, 그리스도인 고유의 색깔(色)입니다.

거듭나고 구원받은 것이 드러날 수 있는 고유한 색깔을 만들어가야 합니다. 각자에게 주어진 달란트(개성)를 최대한 발휘한다면 가능할 것입니다. 세상 백성이면서도 하나님 백성으로서의 뚜렷한 색깔, 한 지역에 살면서도 교회공동체 가족으로서의 분명한 색깔, 연약하면서도 믿음으로 살려는 확실한 색깔 등이 있어야 합니다. 이 시대는 그리스도인 각자의 선명한 색깔이 필요한 때입니다.

둘째, 그리스도인 고유의 맛(味)입니다.

아름다움이라고 해도 좋겠습니다. 느낌이라고 해도 무방할 것입니다. 선한 행동이라고 해도 문제는 없을 듯합니다. 물에 물 탄 듯하고, 있는 듯 없는 듯한 것이 아니라 때에 따라 분명하게 맛을 보여줄 수 있는 그리스도인이 되어야 합니다. 밝게 하고, 즐겁게 하고, 유익하게 하는 데 필요한 역할을 감당해야 합니다. 맛 잃은 소금이 되지 말고 고유한 맛을 계속 간직하고 유지하는 사람이 진정한 그리스도인입니다.

셋째, 그리스도인 고유의 향기(香)입니다.

멀리까지 퍼질 수 있는 향기와 가까이 있으면 있을수록 흐뭇한 향기로 영원히 기억될 수 있는 그리스도인이 되어야 합니다. 그래서 친근한 감정, 한 번쯤 더 생각하는 마음, 격려하고 배려하는 따뜻한 향기가 요구되는 것입니다. 지금 이 시대는 썩은 냄새, 불결한 냄새, 기분 나쁜 냄새 등이 넘치고 있습니다. 이런 냄새를 막을 사람도, 막을 만한 인물도 보이지 않습니다. 시대의 마지막 주자로서 우리 그리스도인들이 이 일을 감당해야 합니다. 그리스도인 고유의 향기로 말입니다. 그리스도인 고유의 색깔과 맛과 향기와 더불어 하나님의 은혜가 공급된다면 이것보다 더 귀한 일은 없을 것입니다. 하나님의 은혜를 간구하고 사모하여 마침내 마음껏 하나님의 은혜를 체험하고 그리하여 그리스도인으로서 아름답고 귀한 삶을 살아야 하지 않겠습니까?

행복의 조건

어떤 사람은 마실 수 있는 차 한 잔과 들을 수 있는 아름다운 음악과 마음을 풍요롭게 하는 책이 있다면 행복하다고 말합니다. 어떤 사람은 건강하게 잘 자라준 자녀들을 바라보고 생각만 해도 행복하다고 말합니다. 어떤 사람은 하나님을 만나 신앙생활을 잘 할 수 있어서 이루 말할 수 없을 정도로 행복하다고 말합니다. 그러고 보면 행복을 느끼는 기준과 방법이 무척 다양하다는 것을 알 수 있습니다. 그렇다면 행복한 사람들은 어떤 경우에 행복하다고 말하는 것일까요? 무엇 때문에 행복하다고 말하는 것일까요? 행복의 조건은 무엇일까요?

첫째, 하고 싶은 일을 마음껏 할 때 행복합니다.

각 사람에게는 개개인에게 주어진 은사가 있습니다. 이 타고난 은사를 마음껏 발휘할 때 행복을 느낍니다. 남들과 다른 것이 무엇인지, 특별한 것이 무엇인지 잘 알아서 행동한다면 이것보다 더 현명한 일은 없을 것입니다. 남들이 어떻게 생각하고 말하고 평가하는지에 대해 신경쓰지 않고 자기 자신이 좋아하고, 잘할 수 있고, 하고 싶은 일을 할 때 행복하다고 말하는 것입니다.

둘째, 여유가 찾아왔을 때 행복합니다.

　바쁜 일상생활 속에서 잠시 잠깐 여유로움이 생길 때 행복할 수 있습니다. 하늘의 푸르름과 자연의 생동감과 삶의 풍요로움이 짧은 시간이지만 순간적으로 주어질 때 모두 다 행복하다고 마음 깊이 느낄 것입니다. 여유는 행복을 추구하면 할수록 없어서는 안 될 존재입니다. 여유가 찾아왔을 때 마음을 열고 크게 숨 쉬어 보는 것이 곧 행복입니다.

셋째, 살아있음에 대해 느낄 때 행복합니다.

　인간으로 태어나 살아가고 있다는 그 자체가 놀라운 기적입니다. 걸음걸음마다 숨 쉬고 활동하고 믿음으로 살아가는 이 모든 것이 우연한 것이 아니라 하나님의 크신 은혜인 것을 깨닫는다면 어찌 행복하지 않다고 말할 수 있겠습니까? 말하고 듣고 보고 느낄 수 있는 존재로 이 순간 살아가고 있다면 너무나 큰 행복을 지금 경험하고 있는 것입니다.

　행복은 결코 멀리 있지 않습니다. 그럼에도 불구하고 이것을 가슴 절절히, 피부 깊숙이 알아가기까지는 시간이 많이 걸린다는 단점이 있습니다. 작고 사소한 것에서 행복을 경험하고 느낀다면 얼마나 좋을까 생각해 봅니다. 가까이에서 행복을 찾고 만들어 보면 어떨까요? 생각을 바꾸면 행복이 넘치도록 다가오지 않을까요? 감사하고 또 감사하면 행복한 사람이 되지 않을까요? 내가 행복하면 모두가 다 행복하게 되는 것입니다. 행복은 우리 모두를 아름답게 이어주는 삶의 연결 고리입니다.

내일은 없다

'내일은 없다'라고 하는 짧지만 단호한 문장은 의미심장한 말입니다. 깊은 생각에 잠기게 하는 말입니다. 정신이 번쩍 뜨이게 하는 말입니다. 많은 사람들이 내일을 무의식적으로 기약하지만 과연 내일이 있을까요? 오늘과 같은 내일이 다시 찾아올 것이라는 보장이 과연 있을까요? 현재도 있고 과거도 있지만 내일은 없습니다. 왜냐하면 우리는 항상 현재를 살아가는 존재이기 때문입니다.

현재를 놓치면 모든 것을 놓치는 결과를 맞이하기 때문입니다. 현재가 지나가면 언제나 아쉬움과 후회만이 잔영으로 남아있기 때문입니다. 그러므로 언제나 현재가 가장 중요합니다. '내일은 없다'라는 진솔한 의미는 무엇일까요?

첫째, 오늘에 충실하라는 것입니다.

오늘 성실하게 살고, 아름답게 살고, 뜻있게 살고, 보람 있게 살고, 건강하게 살고, 믿음으로 살아가라는 애정 어린 충고입니다. 오늘이 쌓이고 쌓여 내일이 된다는 것을 진정으로 마음 깊이 알 때 오늘에 충실할 수 있습니다. 오늘이 곧 다가오는 내일이 되기 때문입니다. 오늘에 온 힘을 쏟아야 내일을 기약할 수 있지 않겠습니까? 오늘이 허약하고 부실하면 내일은 없습니다.

둘째, 내일에 신경 쓰지 말라는 것입니다.

일확천금을 노리는 허황된 사람들의 삶은 언제나 내일입니다. 단 한 번의 기회를 통해 인생을 반전시켜 보겠다고 내일의 기회를 엿봅니다. 막연하게 내일에 대한 희망을 갖습니다. 오늘 현재에 대한 삶은 형편없는데 내일을 꿈꿉니다. 오늘이 없다면 내일도 없습니다. 내일 일은 내일 신경 쓸 일입니다.

셋째, 목적을 분명히 하라는 것입니다.

어떻게 값진 인생을 살아야 할지, 어떻게 역할을 감당할지, 어떻게 신앙생활을 올곧게 할지를 잘 알고 있는 사람은 내일을 염려하지 않습니다. 오늘에 관심을 기울이고, 오늘에 집중하고, 오늘의 수고와 땀 흘림을 기꺼이 감내합니다. 시간 속에서 순간순간을 어떻게 살아가느냐에 따라 내일이 달라지는 것은 분명한 사실입니다. 목적이 분명한 오늘의 삶이 윤택하고 풍성한 내일을 보장할 것입니다.

유명한 존스 홉킨스 의대를 설립한 윌리엄 오슬로라는 영국 의사는 예일대 연설에서 이렇게 말했습니다.

"미래는 오늘이다. 여기에 내일이란 없다.

사람이 구원받는 날은 바로 오늘이지 내일이 아니다."

오늘 결단하고, 오늘 행동하고, 오늘 헌신하고, 오늘 감사하고, 오늘 구원받는 것이 가장 중요합니다. 오늘은 내일을 검증하는 살아있는 현장이기 때문입니다.

함께 밥 먹고 싶은 사람

'밥은 보약이다'라는 말이 있습니다. 삶의 연륜이 더해지면 더해질수록 이 말이 정확하게 옳은 말이라는 사실을 실감하고 있습니다.

- 건강한 육체를 유지하기 위해 밥을 잘 먹는 것은 당연한 것입니다.
- 건강한 사고를 하기 위해 밥을 잘 먹는 것은 마땅한 일입니다.
- 건강한 삶을 영위하기 위해 밥을 잘 먹는 것은 기본입니다.

밥을 잘 먹는 사람은 복이 있어 보이고, 기분 좋게 보이고, 넉넉하게 보입니다. 그렇다면 제가 함께 밥 먹고 싶어 하는 사람은 어떤 사람일까요?

하나, 배려가 있는 사람입니다.

이기적인 사고와 삶을 주저 없이 행하는 현대인들에게 있어 배려는 너무나 어려운 과제인 것 같습니다. 몰라서가 아니라 마음에서 우러나오는 진정성 있는 행동이 없기에 배려할 줄 아는 사람을 만나기가 하늘의 별따기와 같다는 현실에 마음이 무거워집니다. 그럼에도 불구하고 귀한 사람을 만나 소박한 밥 한 끼 먹을 수 있다면 아직도 이 세상은 희망이 있다 하겠습니다. 배려가 있는 사람과 함께라면 윤택함이 있지 않겠습니까?

하나, 존중할 줄 아는 사람입니다.

'사람 위에 사람 없고, 사람 밑에 사람 없다'라는 말이 있듯이 사람을 아껴주고 존중할 줄 아는 사람을 삶의 현장 속에서 많이 만날 수 있기를 기대해 봅니다. 사람을 우습게 보고 하찮게 여기는 사람이 많을수록 어둡고 암담한 시대일진대 사람에 대한 존중으로 빛나는 사람이 있다면 보약인 밥을 기꺼이 대접하고 싶습니다. 존중할 줄 아는 사람과 함께라면 형통함이 있지 않겠습니까?

하나, 따뜻한 마음을 가진 사람입니다.

균형을 잃어버린 사람, 한쪽으로 치우친 사람, 쓴 뿌리가 많은 사람들은 따뜻한 마음을 소유하기가 몹시 어렵습니다. 봄볕에 소리 없이 피어나는 깨끗한 새싹처럼, 비온 뒤 개인 청명한 하늘처럼, 잔잔하면서도 품위 있는 드넓은 바다처럼, 사람도 이렇게 살았으면 좋겠습니다. 이런 사람을 만나면 밥 한 끼 먹자고 제안하고 싶습니다. 따뜻한 마음을 가진 사람과 함께라면 평안한 안식이 있지 않겠습니까?

사람과 사람 사이

- 다양성을 인정하는 사회는 건강한 사회입니다.
- 개성을 이해하고 받아들일 수 있는 사회는 건강한 사회입니다.
- 치열한 몸부림 속에서 발전과 성숙을 도모하는 사회는 건강한 사회 입니다.
- 갈등을 이겨내며 조금씩 조금씩 전진하는 사회는 건강한 사회입니다.
- 도전할 수 있는 기회가 많은 사회는 건강한 사회입니다.
- 곤경에 처한 이웃을 보고 가슴 아파할 줄 아는 사회는 건강한 사회입 니다.
- 주어진 일에 묵묵히 땀 흘릴 줄 아는 사회는 건강한 사회입니다.

이처럼 건강한 사회를 만들려면 무엇보다도 건강한 사고방식을 갖고 있는 사람이 많이 있어야 합니다. 건강한 사회의 핵심은 사람이기 때문 입니다. 건강한 사회를 사람이 만드는 것이라면 사람과 사람 사이에는 무엇이 존재하겠습니까?

- 공간이라는 넓이가 멀고도 가깝게 형성되어 있습니다.

- 시간이라는 한계가 끊임없이 흐르고 있습니다.
- 관계라는 끈끈한 인맥이 거미줄처럼 연결되어 있습니다.

　이렇게 사람과 사람 사이에 존재하는 험난한 장애들을 극복하고 사람과 사람 사이를 이어주고 이어주는 따뜻하고도 신선한 그 무엇이 있다면 그것이 무엇일까요?

첫째, 신뢰가 있어야 합니다.
　신뢰는 인간을 훈훈하게 만드는 감동입니다. 행복을 맛보게 하는 시원한 생수와 같은 것입니다. 실망하고 좌절하다가도 용기를 갖게 하는 햇살 같은 존재입니다. 건강한 사회, 건강한 가정, 건강한 삶을 만들고 유지하려면 신뢰 있는 행동, 신뢰 있는 언어, 신뢰 있는 생활의 모습을 보여주어야 합니다. 신뢰는 자연스럽게 사람과 사람 사이를 가깝게 만들어 주는 강력한 힘이 있음을 놓치지 말았으면 좋겠습니다.

둘째, 여유가 있어야 합니다.
　웃을 수 있는 여유, 편안하게 대화할 수 있는 여유, 구속 받지 않는 여유는 사람을 윤택하게 만듭니다. 깊게 생각할 수 있는 안목을 갖게 합니다. 치열한 경쟁 사회에서 한발 앞서 갈 수 있는 기회를 제공합니다. 사람을 사람답게 만드는데 여유만큼 좋은 것은 없습니다. 대부분 여유가 없기에 불행하다 생각하고, 자포자기하고, 한숨 쉬는 것 아니겠습니까? 여유는 사람과 사람 사이를 넉넉하게 하고, 기분 좋게 하는 묘약임을 발견했으면 좋겠습니다.

셋째, 긴장이 있어야 합니다.

긴장이 흐르는 곳에는 보이지 않지만 질서가 있고, 예의가 있고, 균형이 존재합니다. 그러므로 긴장은 좋은 것입니다. 꼭 필요한 것입니다. 반드시 있어야 하는 것입니다. 긴장이 없다면 무례한 행동, 어설픈 행동, 어리석은 행동을 자신도 모르게 저지르고 말 것입니다. 긴장해서 나쁠 것은 없습니다. 긴장하면 오히려 더 좋은 모습으로 상대방을 대면할 수 있고 이해할 수 있습니다. 긴장은 사람과 사람 사이를 서로 세워 주고 배려해 주는 세심한 격려임을 깨달았으면 좋겠습니다.

주일과 주일 사이

영국의 저술가였던 M.칼콧(1788~1843)은 "신앙이라는 강물은 주일이라는 제방이 지켜지느냐 아니면 무시되어 버리느냐 하는 것에 따라 깊어지거나 얕아진다"고 말했습니다. 복잡하고 문제 많은 인생살이 속에서 주일은 그리스도인들에게 어떤 날일까요?

- 기대하는 마음이 자연스럽게 생기게 하는 주님의 날입니다.
- 안식과 평안을 힘 있게 공급받는 귀한 날입니다.
- 희망을 재충전할 수 있는 기회의 날입니다.
- 세상을 새롭게 볼 수 있는 소통의 날입니다.
- 기도와 말씀으로 무장하는 믿음의 날입니다.
- 하나님의 선한 뜻을 좇아 살겠다고 결단하고 다짐하는 약속의 날입니다.
- 부활의 기쁜 소식을 가슴 깊이 느낄 수 있는 감동의 날입니다.

"**이 날은** 여호와께서 정하신 것이라

이 날에 우리가 즐거워하고 기뻐하리로다"(시118:24).

주일이 이토록 엄청난 날이라면 주일과 주일 사이의 엿새 동안의 날들은 어떤 날들이 되어야 할까요?

- 그리스도인다운 모습을 정직하게 보여주는 날들입니다.
- 신앙의 열매를 소신껏 맺어가는 날들입니다.
- 힘겹고 어려운 일들을 만날 때 믿음으로 헤쳐나가야 할 날들입니다.
- 언어나 행동에 있어서 조심하고 조심해야 하는 날들입니다.
- 하나님의 사람으로 겸손하게 절제하며 살아야 할 날들입니다.
- 기도와 말씀이 마음껏 발휘되어야 할 날들입니다.
- 천국 백성 삼으신 것에 대해 감사하며 살아야 할 날들입니다.
- 믿음의 삶을 생활 속에서 마음껏 적용하되 참고 견뎌야 할 날들입니다.
- 부활의 기쁨을 증거하는 날들입니다.
- 주일처럼 살고 또 살아야 할 날들입니다.

주일 못지않게 주일과 주일 사이의 엿새 동안도 너무너무 중요하다는 것을 절감합니다. 엿새 동안의 신앙생활이 건전하고 건강했다면 주일은 기다려지고, 가슴 설레고, 경사스러운 복된 날이 될 것입니다. 하지만 엿새 동안의 신앙생활이 건전하지 못하고 건강하지 못했다면 주일은 아무런 의미가 없는 무의미한 날이 될 것입니다.

주일이 주일 될 수 있는 것은 주일과 주일 사이의 엿새를 어떻게 보내느냐에 달려있습니다. 엿새가 쌓이고 쌓여 귀한 삶이 되고 아름다운 신앙의 열매를 수없이 맺어가는 날들이 되기를 가슴 깊이 소원해 봅니다. 엿새의 날들이 의미 있게 이어지고 이어질 수 있다면 세상이 새롭게 열려질 것입니다. 그리고 새롭게 다가올 것입니다. 주일과 주일 사이의 엿새를 소중하게 여겨야 하지 않겠습니까? 자신과 자신의 영혼을 위하여.

어찌 그리 천하태평인가?

책을 읽다가 좋은 글을 만나면 무척 반가우면서도 몹시 두려울 때가 있습니다. 한참 동안 눈을 그 글에 고정시키고 묵상하면 할수록 가슴이 떨리고, 답답하여 먹먹해지는 경우가 많이 있습니다. 성경을 읽고 묵상할 때, 그리고 뜻있는 책을 읽다가 그런 경험을 많이 하게 됩니다.

레오나드 레이븐힐(Leonard Ravenhill)이라는 목사님이 계십니다. 그는 1907년 영국에서 태어나 영국에서 폭발력 있는 복음전도자로 열정적으로 사역하다 중년의 나이에 가족과 함께 미국으로 건너갔고, 그곳에서 진정한 부흥을 촉구하는 강력한 말씀들을 가감 없이 전하는 데 쓰임 받았던 주의 종이었습니다. 그런 그가 『**하나님의 방법으로 부흥하라**』는 책을 통해 **"어찌 그리 천하태평인가?"**라는 시(詩)를 남겼습니다.

'하나님의 심판이 불길처럼 진행되고 있음에도 불구하고 무감각한 인생들은 여전히 변함없이 부패하고 썩은 냄새 풀풀 풍기며 죄짓기 바쁘고, 그래서 지옥을 향해 더욱더 빠른 속도로 달려가고 있으니 어찌하면 좋단 말인가?'라는 안타까움을 온몸으로 표현합니다. 또한 복음을 들어야 할 사람은 많은데 복음을 전하는 것에는 관심 없는 교회를 향해 깊은 잠에 빠져 있다고 말하면서 도저히 이해할 수 없다는 절규를 토로합니다. 거듭거듭 강조하는 것은 **"어찌 그리 천하태평인가?"**하는 것입니다.

가슴 서늘한 불같은 말씀 앞에서 먼저는 충격적이었고, 다음으로는 '어찌 할꼬!' 하는 탄식이 절로 나올 수밖에 없었으며, 마지막으로는 과연 희망이 있겠는가 하는 안타까움이 눈물짓게 했습니다. 하나님의 심판의 톱니바퀴는 천천히 그러면서도 쉼 없이 우리 눈에는 보이지 않게 돌아가고 있건만 무감각하고 무절제한 삶을 끊임없이 추구하고 살아가는 사람들은 이런 사실을 전혀 모르고 있으니 너무나 황망할 뿐입니다.

깨어있는 그리스도인으로 살았으면 좋겠습니다. 예배에 적극적으로 참여하여 기도에 힘쓰고 말씀을 사모하여 영적 체험을 많이 하는 그리스도인이 되었으면 좋겠습니다. 사계절이 변함없이 다가오고 소리 없이 지나가듯이 우리의 삶도 지나가고 또 조용히 지나가고 그리하여 언젠가 하나님 앞에 설 날이 반드시 있다는 엄연한 사실을 잊지 않았으면 좋겠습니다. **"어찌 그리 천하태평인가?"**하는 경고의 말씀을 진지하게 깊이 새겨들었으면 좋겠습니다.

우선순위

성경을 읽다보면 몹시 부담스럽고 이해하기 어려운 말씀을 접할 때가 있습니다. 물론 성경에는 우리가 깨닫기 어려운 난해한 말씀이 있기도 하고, 때로는 도망가고 싶을 정도로 따끔하게 경고하는 말씀도 있으며, 부담을 느껴 무한정 회피하고 싶은 말씀도 있는 것이 사실입니다. 이런 말씀을 여기에 소개하면서 한편으로는 깊은 뜻을 되새겨보는 유익한 시간이 되었으면 하는 마음이 간절합니다.

"무릇 내게 오는 자가 자기 부모와 처자와 형제와 자매와 및 자기 목숨까지 **미워하지 아니하면** 능히 나의 제자가 되지 못하고"(**눅**14:26).

여기에서 어렵고 부담스러운 말씀은 '미워하지 아니하면'이라는 말씀입니다. 핵심은 예수님의 제자가 되려면 미워해야 할 것들이 있다는 것입니다. 참으로 난감하면서도 받아들이기 힘든 말씀이 아닐 수 없습니다. 그러나 진지하게 다시 세밀하게 살펴보면 이 말씀은 인간이 유지하고 있는 기본적인 인간관계를 끊어버리라는 뜻이 아니라 '**덜 사랑해야 한다**'는 의미로 쓰였다는 것입니다. 한마디로 '**그리스도인으로서 우선**

순위를 명확히 결정해야 한다'는 말씀임을 알 수 있습니다.

부모에 대한 애착, 남편과 아내에 대한 애착, 자녀에 대한 애착, 형제와 자매에 대한 애착, 심지어 자기 목숨에 대한 애착을 예수 그리스도의 복음 앞에 두는 것이 아니라, 오히려 예수 그리스도의 복음 앞에 굴복시켜야 할 것들이라고 말씀하고 있는 것입니다. 정녕 복음을 받아들이고 믿음으로 살겠다고 마음먹었다면 이런 애착들을 뒤로하고 예수님을 모든 관계 속에서 가장 우선순위에 두어야 한다는 말씀입니다.

"아비나 어미를 나보다 **더 사랑하는 자**는 내게 합당치 아니하고 아들이나 딸을 나보다 **더 사랑하는 자도** 내게 합당치 아니하고"(**마10:37**).

이 말씀을 비교해보면 예수님의 명백한 의도를 확실히 알 수 있습니다. 문제는 우리 그리스도인들이 다른 여러 가지 인간관계 속에서 만큼은 예수님에 대해 우선순위를 지키려고 노력하고 애쓰지만 가장 가까운 가족관계에 있어서만큼은 그렇지 못한 것이 현실이라는 것입니다. 가족에 대한 애착과 자기 목숨에 대한 애착이 예수님을 따르겠다는 제자의 삶을 방해하고, 멀어지게 하고, 힘들게 하기 쉽다는 것을 놓치지 말아야 합니다. 신앙생활은 단호한 결단의 삶입니다. 대가를 치러야 할 삶입니다. 우선순위를 확실히 해야 할 삶입니다. 여러분의 우선순위는 무엇입니까?

2장

무엇을 바라볼 것인가?

반복되는 역사(歷史)

세속역사, 교회역사, 개인역사를 통해 우리는 무엇을 배워야 할까요? 시대와 시간을 관통하며 다가오고 지나가는 역사(歷史)를 통해 우리는 무엇을 느끼며 살아야 하겠습니까? 그렇다면 배우고 느낀다는 것은 어떨 때 가능할까요?

- 낮아질 때 가능한 일입니다.

- 마음을 비울 때 가능한 일입니다.

- 순수한 열정이 있을 때 가능한 일입니다.

- 갈급할 때 가능한 일입니다.

- 애통할 때 가능한 일입니다.

- 진정으로 깨어질 때 가능한 일입니다.

- 집중할 때 가능한 일입니다.

계속적으로 다가오고 빠르게 지나가는 역사를 경험하면서 처절하게 깨닫게 되는 것이 있다면 이렇습니다.

첫째, 역사의 교훈을 배우지 않는다는 것입니다.

배우지 않는다는 것은 마음을 열지 않고, 귀를 기울이지 않고, 신경을 다른 곳에 두고 있다는 말입니다. 역사를 통해 실패와 좌절과 아픔을 배운다면 좀 더 나은 역사를 만들어 갈 수 있을 텐데 그렇지 못한 것이 안타까울 뿐입니다.

둘째, 역사의 교훈에 대해 무관심하다는 것입니다.

과거의 역사에 대해 관심을 조금이라도 기울인다면 현재의 역사는 밝고 희망적일 수 있을 것입니다. 새로운 기회도 생길 수 있을 것입니다. 그럼에도 불구하고 대부분의 사람들이 역사에 대해 무관심으로 일관합니다. 아무런 상관이 없다고 생각합니다.

셋째, 역사의 교훈을 무시한다는 것입니다.

무시하는 것은 교만하기 때문입니다. 눈에 보이는 것이 없기 때문입니다. 마음이 죽어있기 때문입니다. 역사의 흐름을 무시하면 할수록 손해 보는 것은 현재를 살아가는 당사자들이라는 것을 알아야 합니다.

'역사(歷史)는 반복된다'는 말이 있습니다. 역사가 반복된다는 것은 그만큼 역사를 배우지 않고, 역사에 대해 무관심하고, 역사를 무시한다는 것을 여실히 보여주는 것이라고 할 수 있습니다. 왜 수고하며 살아야 하는지, 어떤 모습으로 살아야 하는지, 무엇을 위해 살아야 하는지 생각하며 살았으면 좋겠습니다. 하나님은 오늘도 역사(歷史)를 통해 말씀하고 계십니다. 경청할 일입니다.

건강한 삶을 위한 기본 조건들

누구나 건강한 삶을 살겠다고 마음먹는 것은 지극히 당연한 일입니다. 그런데 문제는 마음먹는다고 해서 건강한 삶이 저절로 주어지지는 않는다는 것입니다. 세상을 자세히 관찰해 보면 볼수록 병든 삶, 자포자기하는 삶, 균형을 잃어버린 삶 등으로 넘쳐나는 것을 볼 때 건강한 삶에 대한 관심은 이 시대 우리 모두의 중요한 과제인 것만은 분명합니다. 그리스도인으로서 건강한 삶을 유지하는 데 필요한 기본적인 것들을 꼽는다면 무엇이 있을까요?

첫째, 땀 흘릴 만한 일이 있어야 합니다.

수고하고 애쓸 만한 일은 자신을 만족하게 하고 건강한 육체와 건강한 정신을 갖게 합니다. 일을 통해 자신의 가치를 높일 수 있고, 자신이 살아있음을 보여줄 수 있는 절대적인 근거가 되기에 즐겁게 그리고 기쁘게 땀 흘릴 만한 일거리들만 있다면 너무나 유익한 삶의 활력이 될 것입니다. 직업적인 일이든, 하나님의 일이든 땀 흘려 일할 때 보람을 찾을 수 있고 삶의 의미를 찾을 수 있지 않겠습니까?

둘째, 가정이 평안해야 합니다.

우리 조상들은 가정의 평안을 매우 중요하게 여겼습니다. 가화만사성(家和萬事成)이라는 말이 있는 것을 볼 때 가정의 평안을 결코 가볍게 여길 일이 아닙니다. 가정에 문제가 많으면 될 일도 되지 않는 것이 현실입니다. 남편은 남편대로, 아내는 아내대로, 자녀는 자녀대로 각자 주어진 역할에 충실할 때 기회가 생기고 몰려오는 어려움을 이겨낼 수 있는 것입니다. 가정의 평안을 위해 서로서로 신경 쓰고 노력하는 마음이 더욱더 요구되는 시대에 살고 있음을 유념해야 합니다.

셋째, 신앙생활을 잘 감당할 수 있어야 합니다.

믿음으로 산다는 것은 실로 경이로운 일입니다. 아무나 할 수 있는 일이 아닙니다. 누구에게나 주어진 일이 아니기에 더욱 그러합니다. 그러므로 특별히 선택된 사람들에게만 주어진 특별한 특권임을 분명히 아는 것이 대단히 중요합니다. 이렇게 놀랍게 선택된 우리가 말씀충만, 기도충만, 성령충만을 사모하며 살겠다고 몸부림치는 것은 마땅히 당연하다 하겠습니다. 이 땅 위에서 신앙생활을 충성스럽게 잘 감당하면 그 언젠가, 정말 중요한 그 언젠가 가슴 벅찬 감동의 날에 엄청난 기쁨을 만끽할 순간이 반드시 있을 것입니다.

"그런즉 너희가 어떻게 행할 것을 자세히 주의하여 지혜없는 자 같이 말고 오직 지혜 있는 자 같이 하여 세월을 아끼라 때가 악하니라"(엡 5:15~16).

무엇을 질문할 것인가?

신앙생활은 질문의 연속인 것 같습니다. 궁금해서 질문하고, 뭘 몰라서 질문하고, 답답해서 질문하고…. 질문한다는 것은 때로 유익을 주기도 하지만 한편으로는 곤혹스러운 일이기도 한 것이 사실입니다. 왜냐하면 질문할 때는 질문에 대해 기본적으로 알고 있어야 질문이 가능하기도 하고, 아무것도 모르는 상태에서 질문하면 허공을 치는 질문이 되기 십상이기 때문입니다.

사람이 동물과 다른 점이 있다면 사람은 질문하지만 동물은 질문하지 않는다는 점일 것입니다. 사람은 질문하는 존재이기에 끊임없이 발전할 수 있습니다. 생각을 넓혀갈 수 있습니다. 업적을 쌓아갈 수 있습니다. 그러므로 사람이 이 땅 위에 존재하는 한 질문은 계속될 것이고, 질문에 대한 해답은 계속 찾아낼 것입니다. 사람은 질문을 통해 자신을 발견합니다. 세상을 발견합니다. 그리고 진리를 발견합니다. 이처럼 질문이 있는 사람은 삶을 뜻있게 살아갑니다. 흔들림 없이 살아갑니다. 건강하고 건전한 사고방식으로 살아갑니다. 질문이 있는 사람은 방향이 분명합니다. 목표가 확실합니다. 시선이 정확합니다. 결코 무의미한 삶은 살지 않습니다. 갈팡질팡하는 모습은 보이지 않습니다. 대책 없이 행동하지 않습니다. 사람이 끊임없이 질문하는 존재라면 우리 그리스도인들도 끊임없이 하나님께 질문하며 살아야 될 존재임을 알아야 합니다. 그리스도인들이 정녕 하나님께 정직하게 질문하면 할수록 하나님을 경배하지 않을 수 없을 것입니다. 하나님을 예배하지 않을 수 없을 것입니다. 하나님께 가까이 가지 않을 수 없을 것입니다. 사도 바울은 사울이었을 때 다메섹 도상에서 주님을 만났을 때를 회상하며 이렇게 주님께 질문했음을 고백하고 있습니다.

8절 "주여 뉘시니이까?"
10절 "주여 무엇을 하리이까?"(행22:8, 10)

이렇게 진지하게 물었던 사울이었기에 예수 그리스도가 인류의 죄를 짊어지시고 십자가에서 돌아가신 구원자라는 사실을 정확하게 알 수 있었고, 자기 자신은 하나님의 종으로, 이방인의 사도로, 복음을 증거하는 일꾼으로 쓰임 받을 수 있었던 것입니다. 그리스도인들은 우리 주님께 얼마나 질문하며 살아가고 있는지 스스로에게 정직하게 물어보아야 합니다. 또한 자기 자신의 신앙생활을 점검하기 위해서라도 질문해야 합니다. 그리하면 언젠가 질문은 해답을 낳고 해답은 아름다운 열매로 결실될 것입니다.

"주님은 누구십니까?"
"주여 무엇을 해야 합니까?"

무엇을 바라볼 것인가?

이 세상에는 바라보기만 해도 즐겁고 신나는 일들이 참으로 많이 있습니다. 참 좋은 세상인 것만은 분명합니다. 하지만 반대로 생각해 보면 우리 그리스도인들에게는 점점 더 신앙생활에 방해가 되는 것들이 많이 생겨남으로 인해 믿음에 도움이 되지 않는 문제들과 부딪히며 살아야 할 일들이 거듭거듭 생기는 것도 사실입니다. 이런 세상 속에서 무엇을 바라보느냐 하는 것은 대단히 중요합니다. 복잡하고, 정신없고, 혼란스러운 가운데서도 무엇을 바라보느냐에 따라 인생살이가 달라지고, 방향이 달라지고, 열매가 달라지기 때문입니다.

우리는 토끼와 거북이의 경주를 잘 알고 있습니다. 토끼와 거북이의 경주에서 느린 걸음의 거북이가 발 빠른 토끼를 이긴 이유가 무엇이었을까요? 어떤 분은 이렇게 해석했습니다. 거북이가 빨라서가 아니라 보는 관점이 달랐기 때문이라고 말합니다. 거북이는 목표지점만 바라보았습니다. 그리고 묵묵히 끈질기게 걸었습니다. 성실하게 한 걸음 한 걸음 꾸준히 나아갔습니다. 결과는 승리였습니다. 그러나 토끼는 목표지점을 보지 않고 거북이를 보았습니다. 무슨 특별한 일이 있겠느냐며 방심했습니다.

상대방을 얕잡아보았습니다. 결과는 참패였습니다.

그리스도인들은 비록 육신이 이 땅 위에 머물고 있으나 언제나 눈만 뜨면 하늘을 바라보고 살아야 할 분명한 이유를 갖고 살아가는 사람들임을 잊어서는 안 됩니다. 믿음의 영웅들은 한결같이 모두 다 사람을 바라보지 않고, 우상을 바라보지 않고, 하나님만을 바라보며 승리했던 사람들입니다. 인간적으로 어찌 어려움이 없었겠습니까? 넘어지고 실수하고 시험에 드는 일은 없었겠습니까? 삶이 힘들고 지쳐 눈물을 흘리는 일들은 없었겠습니까? 그럼에도 불구하고 믿음의 영웅들은 오늘날까지 우리에게 긍지와 자부심을 심어주는 믿음의 인물로 소개되고 있다는 것을 놓치지 말아야 합니다.

그리스도인들이 왜 위를 바라보고, 하나님만을 바라보아야 할까요?

첫째, 세상에 대해 죽었기 때문입니다.
2절 "위엣 것을 생각하고 땅엣 것을 생각지 말라
3절 이는 **너희가 죽었고** 너희 생명이 그리스도와 함께 하나님 안에 감취었음이니라"(골3:2~3).

둘째, 우리 주님께서 위에 계시기 때문입니다.
"그러므로 너희가 그리스도와 함께 다시 살리심을 받았으면 위엣 것을 찾으라 **거기는** 그리스도께서 하나님 우편에 앉아 계시느니라"(골3:1).

셋째, 우리의 시민권이 하늘에 있기 때문입니다.

"오직 우리의 **시민권**은 하늘에 있는지라"(**빌**3:20).

넷째, 위에서 하나님의 복이 임하기 때문입니다.

"각양 좋은 은사와 온전한 선물이 다 **위로부터 빛들의 아버지께로부터 내려오나니** 그는 변함도 없으시고 회전하는 그림자도 없으시니라"(**약**1:17).

다섯째, 그리스도인들은 약하고 힘이 없기 때문입니다.

"나를 떠나서는 너희가 아무것도 **할 수 없음이라**"(**요**15:5).

중요한 것이 있다면 그리스도인들은 위엣 것을 바라보고 살아야 할 사람들이라는 것입니다. 하나님만을 바라보고 살아야 할 사람들이라는 것입니다. 목표가 분명한 사람들이라는 것입니다.

이름값

　우리나라 속담에 "호랑이는 죽어서 가죽을 남기고 사람은 죽어서 이름을 남긴다"는 말이 있습니다. 위대하게 쓰임 받았던 사람들, 훌륭한 삶을 살았던 사람들, 엄청난 업적을 남긴 사람들, 이들은 하나같이 이름을 남겼고, 그 후손들은 수없이 많이 흘러간 세월 속에서도 그 이름을 잊지 않고 기억하며 보물단지처럼 소중하게 여기는 모습을 보게 됩니다. 우리 한국 사람들이 이름에 집착하고 이름에 특별한 관심을 기울이듯이, 세계 각 나라 사람들도 이름에 대한 집중과 관심이 뜨겁습니다. 이렇게 이름에 상당한 의미를 부여하고 이름에 투자하는 것은 어찌 된 일일까요?

- 이름이 곧 그 사람이기 때문입니다.
- 이름이 곧 그 사람의 얼굴이기 때문입니다.
- 이름이 곧 그 사람의 됨됨이를 알려주기 때문입니다.

　성경에 등장하는 대부분의 사람들은 이름대로 살았고, 이름대로 쓰임 받았으며, 이름대로 값있는 모습이 되어 지금까지 생명력을 발휘하고 있음을 놓치지 말아야 합니다. 믿음으로 구원받아 하나님의 자녀가 된 사람들을 일컬어 '그리스도인'이라고 말합니다. 이 말은 '그리스도의 사람', '그리스도를 따르는 자'라는 뜻으로 이방인들이 지어준 이름이기도 합니다(행11:26). 그리스도인이라는 이름은 그리스도를 닮은 사람으로서, 그리스도를 전파하고, 그리스도를 위해 기꺼이 고난을 감수하며, 그리스도인 공동체인 교회를 세우고, 그리스도인으로서의 이름값을 감당하기 위해 주어진 고귀한 이름입니다. 그러므로 그리스도인은 그리스도인이라는 이름에 자부심을 가져야 합니다. 아름다운 향기를 뿜어내기 위해 성실하게 살아야 합니다. 아무렇게나 불릴 수 없는 이름이기에 삼가 조심해야 합니다. 말하고 행동하고 관계를 맺는 가운데서도 그리스도인으로서의 품위를 지켜야 합니다.

우리는 교회 속에서 직분에 따라 목사, 집사, 성도라고 불립니다. 모두가 다 귀한 직분이요 감당할 수 없을 정도로 황송한 직분입니다. 그리스도인이라는 이름에 걸맞게, 주어진 직분에 걸맞게 이름값을 잘 감당하고 있습니까? 그리스도인이라는 이름값 때문에 깊은 감동과 기쁨을 가지고 부끄럽지 않은 삶을 살려고 몸부림치고 있습니까? 그리스도인이라는 이름값을 높이고 높이는 데 얼마나 깊은 관심을 갖고 있습니까? 그리스도인은 그리스도인다운 이름값으로 살아야 합니다. 여러분들의 이름은 무엇입니까?

우리가 다른 것은

우리가 다르다고 말하는 것은
치열한 생존 방식이
타고난 육체적 조건이
오묘한 자연환경이 다르다는 것이 아닙니다.

우리가 다르다고 말하는 것은
거듭남의 신비를
하늘의 찬란한 소망을
변화된 놀라운 삶을 말하는 것입니다.

우리가 다르다고 말하는 것은
무너져 본 경험과
텅 빈 마음과
낮아짐의 아픔과 기쁨을 잘 알고 있기 때문입니다.
하늘과 땅만큼이나
빛과 어두움만큼이나

삶과 죽음만큼이나 다른 것은
여기와 저기를 함께 생각하고(이 세상과 저 세상)
있음과 없음을 같이 고민하고(믿음과 불신앙)
긍정과 부정을 서로 공유했기에(의인과 죄인) 가능한
우리네 현실을 말하는 것입니다.

우리가 다르다고 말할 때가 어쩌면
가장 복된
한없이 평화로운
무한한 기회의 순간이 아니겠습니까?

우리가 다르다고 말하는 것은
푸른 하늘 아래서 우리가 다르다고 외치는 것은
지금 여기에서 영원한 생명을 소유했음을
마음과 몸짓으로 전달하고자 함임을 알아야 합니다.

깊이가 있는가?

기대가 우려가 되고, '혹시나'가 '역시나'가 되며, '그래도'가 '아직도'가 된다면 우리는 심각하게 애통해야 합니다. 저는 지난 한 주간 다양한 부흥회에 참여하면서 '이런 부흥회는 아닌데, 정말 이건 아닌데' 하는 안타까움과 '정말 깊이가 있어야 되겠구나' 하는 것을 절감할 수밖에 없었습니다. 짧은 참여의 시간들이었지만 많은 것을 생각하게 하고, 앞으로 과연 이대로 가면 어떻게 될 것인가를 심각하게 고민할 수밖에 없는 시간들을 보내게 되었습니다. 우리는 수시로 자기 자신에게 물어야 합니다. 나에게 깊이가 있는가? 깊이에 관심이 있는가? 깊이의 세계가 있는가?

깊이가 있으려면 무엇보다 먼저 땀 흘리고 수고해야 할 최우선적인 것이 무엇인지를 각자의 직분에서 알아야 하지 않겠습니까? 거저 공짜로 쉽게 써먹고 쉽게 넘어가려고 하는 마음을 고쳐먹어야 하지 않겠습니까? 상대방을 가볍게 여기고 무시하면서 얕잡아보는 언행을 조심해야 하지 않겠습니까?

정말 이 시대를 짊어지고 갈만한 깊이 있는 영적지도자, 영적 신앙인들을 세워달라고 하나님께 간청해야 합니다. 말씀으로 살고자 몸부림치고, 말씀 때문에 삶의 존재를 발견했노라고, 그래서 말씀으로 살아야 한다고 주위 사람들에게 알려야 합니다.

리처드 포스터는 이런 말을 했습니다.

"오늘날 절실히 요청되는 사람은 지능이 높거나 혹은 재능이 많은 사람이 아니라 깊이가 있는 사람이다."

사도 바울은 이렇게 말했습니다.

"모든 성도들과 함께 헤아릴 수 없는 그리스도의 사랑의 폭과 길이와 높이와 **깊이를 깨달아 알고** 하나님의 모든 풍성하신 은혜가 여러분에게 넘치기를 기도합니다"(엡3:18~19, **현대인의 성경**).

예수님은 이렇게 말씀하십니다.

"시몬에게 이르시되 **깊은 데로 가서** 그물을 내려 고기를 잡으라"(눅5:4).

지금 이 시대가 요청하는 목회, 설교, 신앙생활은 깊이 있는 그 무엇이 아니겠습니까? 깊이 없는 가벼운 시대적 흐름이 목회에, 설교에, 신앙생활에 접근하지 못하도록 감시하고 막아내는 역할을 누군가는 해야 하지 않겠습니까? 깨어 있는 목회자, 깨어 있는 그리스도인으로 깊이 있게 정도(正道)를 걸어갔으면 하는 마음, 너무나 간절합니다.

십자가 불빛 밝게 빛나고

십자가라는 단어를 떠올리면 고통, 피 흘림, 희생 등이 생각납니다. 그럼에도 불구하고 캄캄한 밤에 별이 밝게 빛나는 것처럼 십자가의 불빛이 선명하게 비칠 때 느껴지는 마음의 평안은 실로 감격스러울 뿐입니다. 어둠 속에서 더욱더 빛을 발하는 십자가, 멀리서도 선명하게 빛을 발하는 십자가, 어렵고 힘들 때 용기와 힘을 주는 십자가가 너무나 자랑스럽습니다.

찬송가 151장 '만왕의 왕 내 주께서'를 소개하고 싶습니다.
1절 만왕의 왕 내 주께서 왜 고초 당했나
이 벌레 같은 날 위해 그 보혈 흘렸네
2절 주 십자가 못 박힘은 속죄함 아닌가
그 긍휼함과 큰 은혜 말할 수 없도다
3절 늘 울어도 그 큰 은혜 다 갚을 수 없네
나 주님께 몸 바쳐서 주의 일 힘쓰리

후렴

십자가 십자가 내가 처음 볼 때에 나의 맘에 큰 고통 사라
져 오늘 믿고서 내 눈 밝았네 참 내 기쁨 영원하도다

십자가와 함께 호흡하며 살아가는 그리스도인은 특별한 사람들입니다. 십자가 안에 들어가면 모든 것이 공평할 수 있어 그리스도인은 존귀한 사람들입니다. 십자가 앞에 모든 것을 내려놓을 수 있는 그리스도인은 현명하고 복된 사람들입니다. 그러므로 십자가는 하나님의 은혜의 상징입니다. 하나님의 마음을 아낌없이 드러내는 통로입니다. 하나님의 따뜻한 손길입니다. 그런가 하면 십자가는 하나님의 비밀이기도 합니다. 신비로움이기도 합니다. 위험을 알리는 경고이기도 합니다.

언젠가 옥한흠 목사님은 설교에서 이렇게 고백했습니다.
"신학적으로는 얼마든지 십자가를 풀이할 수 있지만 나의 얄팍한 깨달음으로는 도무지 알 수 없다. 그게 내 솔직한 심정이다."

십자가를 마음 깊이 깨닫기는 너무나 어려울지 모르지만 분명한 사실은 십자가는 모든 사람들에게 구원을 알리는 신호등이자 사랑의 빛을 비추는 등대인 것만은 분명합니다. 어쩌면 십자가를 가슴에 품고 십자가의 엄청난 뜻을 이해하면서 십자가 인생을 살아내는 것도 우리 그리스도인들이 감당해야 할 몫이 아니겠습니까? 십자가는 모든 것을 품고 모든 것을 만족시키며 모든 것을 가능케 하는 능력입니다.

하나님의 명령

진짜와 가짜를 구별하기 어려운 시대, 진짜가 가짜가 되고 가짜가 진짜가 되는 시대, 진짜는 가만히 있는데 가짜가 오히려 더 크게 소리치는 시대, 이런 시대를 일컬어 악한 시대라고 말합니다. 시대가 악할수록 신실한 그리스도인은 오히려 신앙에 대한 뜨거움으로 더욱더 강해져야 합니다. 세상이 혼란스럽고 정신없다 해도 신실한 그리스도인은 오히려 깨끗한 마음과 믿음으로 순전한 삶을 살아가야 합니다. 사람들이 무슨 소리를 한다고 해도 신실한 그리스도인은 거룩함을 추구하며 구별된 길을 걸어가야 합니다.

어느 시대나 하나님을 모르는 사람들은 하나님을 비웃고 하나님을 대적했지만 하나님의 자녀가 된 하나님의 사람들은 하나님을 찬양하고 경배하며 믿음으로 살았음을 역사는 증명하고 있습니다. 하나님은 오늘도 성경을 통해 그리스도인들에게 이렇게 명령하십니다.

첫째, 좁은 문으로 들어가라고 말씀하십니다.
"**좁은 문으로 들어가라** 멸망으로 인도하는 문은 크고 그 길이 넓어 그리로 들어가는 자가 많고 생명으로 인도하는 문은 좁고 길이 협착하여 찾는 이가 적음이니라"(마7:13~14).

둘째, 마음을 넓히라고 말씀하십니다.

"내가 자녀에게 말하듯 하노니 보답하는 양으로 너희도 **마음을 넓히라**"(고후6:13).

셋째, 세월을 아끼라고 말씀하십니다.

"**세월을 아끼라** 때가 악하니라"(엡5:16).

넷째, 세상에서 빛을 발하라고 말씀하십니다.

"이는 너희가 흠이 없고 순전하여 어그러지고 거스르는 세대 가운데서 하나님의 흠 없는 자녀로 세상에서 그들 가운데 **빛들로 나타내며**"(빌2:15).

다섯째, 세상을 본받지 말라고 말씀하십니다.

"**너희는 이 세대를 본받지 말고** 오직 마음을 새롭게 함으로 변화를 받아 하나님의 선하시고 기뻐하시고 온전하신 뜻이 무엇인지 분별하도록 하라"(롬12:2).

여섯째, 선으로 악을 이기라고 말씀하십니다.

"악에게 지지 말고 **선으로 악을 이기라**"(롬12:21).

일곱째, 믿음에 굳게 서라고 말씀하십니다.

"그러므로 너희가 그리스도 예수를 주로 받았으니 그 안에서 행하되 그 안에 뿌리를 박으며 세움을 입어 교훈을 받은 대로 **믿음에 굳게 서서** 감사함을 넘치게 하라"(골2:6~7).

하나님의 말씀은 시대를 초월하여 언제나 분명하게 말씀하십니다. 하나님의 말씀이 영원한 생명력을 발휘하는, 살아 생명력을 발휘하는, 진리의 말씀이라면 귀 기울여 경청해야 합니다. 이렇게 살 때 하나님의 사람으로, 하나님의 명령을 최종적으로 완수하는 사명자로 살아갈 수 있을 것입니다.

아름다운 큰 비밀 - 결혼

결혼하기 좋은 계절이 다가왔습니다. 결실의 계절인 가을에 각자 다른 환경과 배움과 생각을 갖고 있던 젊은 선남선녀가 결혼이라는 열매로 하나가 된다는 것은 신비 중의 신비요 감동 중의 감동입니다. 하나님이 만드시고 인정하신 결혼은 신성한 것이요 거룩한 것이기에 결혼하는 당사자들은 소중하게 뜻을 새겨야 할 것이며, 주위 사람들은 따뜻하게 격려하고 아낌없는 박수로 후원해 주어야 합니다. 더불어 앞으로 결혼할 사람과 현재 결혼한 사람들이 행복한 결혼생활, 행복한 가정생활을 꿈꾼다면,

- 서로 이해하고 격려할 줄 알아야 합니다.
- 서로 용납하고 사랑할 줄 알아야 합니다.
- 서로 신뢰하고 감싸줄 줄 알아야 합니다.

남녀가 만나 결혼하기까지 쉽지 않은 길을 걸어왔을 것입니다. 그렇지만 앞으로 살아내야 하는 결혼생활에는 더 많은 문제와 고통과 사건이 기다리고 있다는 것도 알아야 합니다. 그럼에도 불구하고 아름다운 큰 비밀인 결혼이 주는 유익이 엄청나게 더 크고 많다는 것을 안다면

큰 힘이 될 것입니다. 결혼이 주는 유익에는 무엇이 있을까요?

첫째, 서로에게 끊임없이 위로가 됩니다(창24:62~67).

아픔 많고 상처 많은 세상살이에서 남편은 아내에게 아내는 남편에게 서로서로 위로가 될 수 있습니다. 위로한다는 것은 고통스러움을 나의 것으로 짊어지고 같이 고통스러워하겠다는 각오를 보여주는 것이기에 아픔은 빨리 치유되고 마음과 생각은 생각 이상으로 건강해지는 것입니다.

둘째, 함께 수고하고 애씀으로써 귀한 결실을 맺을 수 있습니다(창 1:27~28, 잠31:11~12, 전4:11~12).

심리적인 안정을 얻습니다. 물질적인 풍요가 있습니다. 즐겁고 기쁘게 살 수 있습니다. 그리고 자녀를 얻습니다. 기쁨은 두 배가 되고 슬픔은 반으로 줄어듭니다. 무엇을 하든지 용기가 생기고 도전할 수 있는 자신감이 생깁니다.

셋째, 하나님의 뜻을 분별하고 깨달을 수 있습니다(엡 5:22~33).

사랑이 어떤 것인지, 순종을 어떻게 하는 것인지 분명하게 알 수 있습니다. 결혼 생활을 통해 하나님의 뜻을 발견하는 사람은 총명하고 지혜로운 사람입니다. 결혼한 부부가 하나님의 놀라운 뜻을 서로 깨닫고 그 깨달음에 의해 구별된 삶을 산다면 그것보다 더 아름답고 소중한 삶은 없을 것입니다.

누군가 보고 있다는 심정으로

누군가 보고 있다는 심정으로 살아간다면,

  가슴이 두근거리고 두려움에 사로잡혀 창백한 삶을 살지도 모를 일입니다. 하지만 자기 자신을 깊이 있게 성찰(省察)하는 계기가 되어 좀 더 진지한 인생을 경주하게 될 것입니다. 가로막힌 장애물은 없는지 조심할 것이며 정확한 판단과 기준으로 의미 있게 살려고 애쓸 것입니다.

누군가 보고 있다는 심정으로 바라본다면,

  자연스러움을 추구하고 세상의 헛된 것에 속아 눈물 흘리는 일은 절대 없을 것입니다. 허락된 세월과 시간이 무척 짧고 한정되어 있다는 것을 발견하게 되어 짧은 세월과 시간을 아껴 쓰는 데 신경을 곤두세우며 살아갈 것입니다. 정말 소중한 것이 어떤 것인지, 사랑하며 살아야 한다는 것이 어떤 것인지 꼼꼼하게 점검하며 살게 될 것입니다.

누군가 보고 있다는 심정으로 주위를 살핀다면,

  친절한 태도로 주위 사람들에게 인정받아야 한다는 것을 알기에 배려하고 존중하는 일에 앞장설 것입니다. 신중한 행동으로 주위 사람들에게 호의를 베풀고 그 호의가 선한 결과로 돌아오는 행복을 누리게 될 것입니다. 만약 몸을 굽힐 일이 있다면 마땅히 몸을 굽혀 좋은 기억을 남기고 따뜻한 마음으로 다가가 평안과 안식을 전달하는 도구로 쓰임 받기를 주저하지 않을 것입니다.

사람이 제 아무리 완벽하기를 추구해도 부족함은 있게 마련입니다. 시대를 잘 타고난 사람도, 그렇지 못한 사람도 부족함은 있기 마련이기에 부족함을 채우기 위해 달려가고 또 달려가는 것이 시대적인 현실입니다. 부족함을 알고 그 부족함을 채우기 위해 아낌없이 투자하면서도 한편으로는 기꺼이 누군가 보고 있다는 심정으로 살아가고, 바라보고, 주위를 살핀다면 이 세상은 훈훈한 정으로 가득한 세상이 되지 않겠습니까?

안타까운 사람들

사람들과 만나 대화하다 보면 '계란으로 바위치기'라는 말을 실감하는 경우가 종종 있습니다. 사람인지라 여러 가지 상황에 따라 방향이 다르고, 느낌이 다르고, 시각이 각각 다를 수가 있습니다. 그럼에도 불구하고 만남과 헤어짐 속에서 아쉬움의 흔적이 여운으로 남는 것은 왜일까요? 만감이 교차하는 가운데 혼란스러움이 꼬리를 물고 계속되는 것은 왜일까요? 다 같은 하늘 아래에서 태어나 살아가면서도 안타깝게 여겨지는 것은 왜일까요? 어떤 사람들이 이런 사람들일까요?

첫째, 과거에 얽매여 사는 사람들입니다.

현재를 살아가면서도 현재가 없습니다. 과거에 집착하고, 과거만 끄집어내고, 과거에 대한 회상으로 살아갑니다. 과거는 너무 좋았는데 현재를 잘 모르겠다는 사람들입니다. 과거는 이미 지나갔습니다. 과거는 현재를 살아갈 때 언제나 반면교사가 되면 되는 것입니다. 과거에 얽매여 현재를 잃어버리는 것은 결코 건강한 삶이 아닙니다. 언제나 그렇듯이 현재를 성실하게 가꾸고 수고하면 자연히 과거는 아름다운 추억으로 끊임없이 살아 움직일 것입니다. 우리가 정말 관심 가져야 할 것은 과거에 살지 않고 지금 현재에 아낌없이 집중하고 투자하는 삶입니다.

둘째, 남의 말만 하는 사람들입니다.

　흔하지 않은 일이라고 여겼는데 예상외로 이런 사람들이 많이 있음을 발견했습니다. 자신에 대한 부족함과 나약함은 철저하게 침묵으로 일관하지만 남의 말에 대해서는 해설까지 곁들이는 모습을 말합니다. 사실 남과 나는 너무나 다른 존재입니다. 그리고 정말 중요한 것은 '나'라는 존재입니다. 나에 대해서는 잘 모르는데 남에 대해서는 너무 잘 아는 것이 신기하기만 합니다. 나에 대해서는 진지하게 말을 하지 않으면서 남에 대해 말을 할 때는 너무나 진지한 것이 놀라울 뿐입니다. 우리가 정말 관심 가져야 할 것은 바로 '나'에 대해서 고민하고, 신경 쓰고, 중심을 바로 잡아야 한다는 엄연한 사실입니다.

셋째, 깨닫지 못하는 사람들입니다.

　어떤 말을 해도 반응이 없고 감각이 없는 사람들이 있습니다. 머리로는 아는 것 같은데 가슴으로 느끼지 못하는 사람들이 있습니다. 눈으로 보고, 귀로 듣고, 손으로 만져 보아도 깨닫지 못하는 사람들이 있습니다. 그러고 보면 다 같은 사람이라도 깨닫기까지는 시간도 오래 걸리고, 나이도 들어야 하고, 경험도 해야 하는가 봅니다. 조금 빨리 깨닫는 사람이 되어야 합니다. 그래서 조금이라도 선한 흔적을 붙잡는 사람이 되어야 합니다. 아주 작은 소수의 몇 사람만이 이런 복을 누릴 수 있는 특권이 허락된다면 우리가 바로 그런 복된 사람들이 되어야 합니다.

나에게 즐거움이 있다면

계절의 변화를 경험하면 할수록 굳어지고 삭막해지는 것이 삶이 아닌가 하는 아찔한 생각이 가끔씩 내 마음을 스쳐 지나갑니다. 유연해지고 소통되어야 할 위치에 있으면서도 경직되고 퇴색되어가고 있지는 않은지 늘 염려되는 것도 사실입니다. 그럼에도 불구하고 목사이기에 느끼는 소소한 즐거움이 있으니 다음과 같습니다.

첫째, 일상의 즐거움이 있습니다.

- 조용히 묵상하며 산책할 때입니다.
- 서점에서 고르고 골라 몇 권의 책을 살 때입니다.
- 연락이 없었던 친구로부터 갑자기 소식이 올 때입니다.

둘째, 목회의 즐거움이 있습니다.

- 설교를 정성을 다해 준비하고 선포할 때입니다.
- 말씀을 통해 성도들이 은혜를 받을 때입니다.
- 교회가 올바르게 세워져가고 구원받는 성도들이 하나 둘 늘어날 때입니다.

셋째, 개인의 즐거움이 있습니다.

- 부족한 사람이 주님의 손에 붙잡혀 쓰임 받고 있다는 느낌이 충만할 때입니다.
- 기도와 말씀으로만 살아야 할 역사적인 사명을 띠고 이 땅에 태어났다는 의식이 강하게 생길 때입니다.
- 읽고 쓸 수 있는 시간이 자연스럽게 주어졌을 때입니다.

소란스럽고 어지러운 세상살이 가운데서도 찾기만 한다면 얼마든지 소소한 즐거움은 있게 마련입니다. 즐거움이 있다면 어떤 것들이 있는지 함께 생각해 보는 것은 어떨까요? 여러분들에게는 어떤 소소한 즐거움이 있습니까? 소소한 즐거움은 힘들고 어려울 때 우리 모두의 삶에 윤택함을 더해 주는 원기 회복제가 될 것입니다.

"마음의 **즐거움은** 얼굴을 빛나게 하여도
마음의 근심은 심령을 상하게 하느니라"(잠15:13).

감사한다는 것

　사람이 하루 동안에도 얼마나 많은 생각을 하는지 '오만가지 생각'이라는 말이 생겨날 정도입니다. 하루 동안 대략 5만 5천 가지나 되는 엄청난 생각들을 한다니 입이 딱 벌어질 지경입니다. 그런데 문제는 이토록 많은 생각을 하지만 정작 중요하고 정말 필요한 생각은 얼마 되지 않는다는 것입니다. 쓸데없는 걱정과 고민, 불안과 공포, 근심과 염려 등으로 시간을 허비한다고 하니 대단히 안타까울 뿐입니다.

　그리고 보면 정말 올바른 생각을 갖고 건전한 사고로 건강한 삶을 살아가는 사람은 많지 않음을 발견합니다. 어쩌면 감사하며 사는 것도 이와 같지 않을까 하는 걱정스러움이 스쳐 지나갑니다. 감사하며 살아야 한다는 것은 알겠는데 여러 가지 근심과 어려움과 생활의 염려로 감사의 생활이 발휘되지 못하는 경우가 너무나 많기 때문입니다.

　그리스도인들에게 '감사합니다'라는 말은 입에 달고 다녀야 할 기본 자세입니다. 그리스도인들에게 감사의 표현이 사라진다면 더 이상 그리스도인으로서의 존재 가치를 포기하는 것이나 마찬가지입니다. 추수 감사 절기를 맞아 감사한다는 것에 대해 다시 한번 진지하게 생각해 보는 시간이 되었으면 하는 마음 간절합니다.

첫째, 조건에 상관없이 감사해야 합니다.

생각을 초월하고, 환경을 뛰어넘고, 유무를 떠나 감사해야 합니다. 인간이 선하다는 말을 듣는 것은 감사라는 입술의 표현이 있기에 가능한 것이 아니겠습니까? 인간이 추한 것은 감사를 모르고 자기 마음대로 살아갈 때가 아니겠습니까? 조건을 떠나 감사할 수 있는 삶이 중요합니다. 감사에는 조건이 필요하지 않습니다.

둘째, 현재에 감사해야 합니다.

지금 이 순간은 황홀한 순간입니다. 어느 누구도 대신할 수 없는 소중한 순간입니다. 현재를 뜻있게 살면 늘 새로운 현재에서 뜻있게 살 수 있게 되는 것입니다. 현재에 감사의 지경을 넓히면 또 다른 현재는 희망이 있는 열매로 화답하게 될 것입니다. 현재는 늘 쉽지 않은 가시밭길이지만 감사로 마음의 문을 열고, 감사로 땀 흘려 심고, 감사로 충만한 삶을 살면 감사의 생애로 언제나 빛나지 않겠습니까?

셋째, 믿음으로 감사해야 합니다.

감사는 믿음이 있는 사람만이 고백할 수 있는 살아있는 신앙고백입니다. 감사는 누구나 쉽게 말할 수 있는 언어이지만 진정한 감사는 땀 흘려본 믿음의 사람만이 할 수 있는 삶의 고백입니다. 감사는 어느 누구도 대신할 수 없는 가장 깊숙한 믿음의 고백입니다.

그리스도인으로 산다는 것은 주님의 뜻을 헤아리며 믿음으로 살겠다는 감사의 표현 아니겠습니까? 믿음으로 감사하며 살아가는 사람은 반드시 번성케 될 것입니다. 빛나게 될 것입니다.

정말 소중한 것

우리 주위에 늘 존재하기에 중요성을 곧잘 잊어버리는 것들이 있습니다. 당연하다고 여기고 별다른 관심을 보이지 않는 것들이 있습니다. 너무나 흔하기에 소중히 여김을 받지 못하는 것들이 있습니다. 물, 불, 공기가 바로 그런 경우입니다. 정말 소중한 것인데도 불구하고 소중함을 잊고 살지는 않았는지 뒤돌아보게 되고, 어느 것 하나라도 없다면 얼마나 힘들고 고통스러울까를 생각하게 하는 것들입니다.

마찬가지로 그리스도인들도 정말 소중한 것들을 잊고 살아가는 경우가 허다합니다. 너무나 많이 듣고 접하기에 감각을 상실하고, 때로는 별 느낌이 없고, 관심을 기울이지 않아 가볍게 여기는 상황이 벌어지기도 합니다. 물, 불, 공기처럼 그리스도인들이 결코 잊지 말아야 할 소중한 것들은 무엇일까요?

첫째, 하나님의 은혜입니다.

살아 숨 쉬는 것도, 삶을 이어가는 것도, 지금 이 순간까지 온 것도, 믿음으로 구원받아 특별한 존재로 신분이 변화된 것도 하나님의 전적인 은혜였음을 놓치지 말아야 합니다. 신앙생활을 지속하면 할수록 하나님의 은혜에 취하고, 하나님의 은혜에 깜짝 놀라고, 하나님의 은혜에 할 말을 잃어버립니다. 모든 것이 하나님의 은혜입니다. "나의 나 된 것은 **하나님의 은혜로** 된 것이니"(**고전15:10**).

둘째, 하나님의 말씀입니다.

일용할 양식이 다 떨어졌다고 생각해 보십시오. 얼마나 힘들고 난감할까요? 마찬가지로 하나님의 말씀이 공급되지 않는다고 생각해 보십시오. 얼마나 답답하고 처절할까요? 가까이 말씀이 있고, 말씀을 읽을 수 있으며, 말씀을 끊임없이 알아갈 수 있다는 현실 앞에 무한히 감사해야 합니다. 그리고 소중하게 여겨야 합니다. "오직 우리 주 곧 구주 예수 그리스도의 은혜와 저를 아는 **지식에서** 자라 가라"(**벧후3:18**).

셋째, 하나님의 자녀들이 모인 교회 공동체입니다.

교회가 너무나 흔하기에 교회의 소중함을 잊고 살지는 않는지 점검해 보아야 합니다. 교회가 살아야 민족이 살고 개인도 산다는 말이 있습니다. 그만큼 교회 공동체는 중요하고 소중합니다. 구원받은 사람들의 모임인 교회가 바로 서고, 바른 역할을 경주할 수 있도록 개개인의 관심과 기도가 절대적으로 필요합니다. 교회는 세상 속에서 천국을 만끽할 수 있는 소중한 공동체라는 것을 분명하게 알았으면 합니다. "**이집은** 살아 계신 하나님의 교회요 진리의 기둥과 터이니라"(**딤전3:15**).

두려워해야 할 것

구원받은 하나님의 아들, 딸로 살아간다는 것은 엄청난 사건입니다. 수많은 사람들 가운데서 선택되었기에 더욱 신비스럽고 놀라운 일이 아닐 수 없습니다. 한편 구원받았기에 더욱더 "두렵고 떨림으로 너희 구원을 이루라(빌2:12)"는 말씀에 귀를 기울여야 합니다. 경각심을 갖고 신중하게 행동해야 합니다. 이런 가운데 그리스도인들에게 두려워해야 할 것이 있다면 그것은 무엇일까요?

첫째, 죄를 두려워해야 합니다.

죄는 엄청난 힘이 있습니다. 죄는 세상을 혼란스럽게 합니다. 죄는 악에 악을 불러일으킵니다. '지금 하고 있는 일이 과연 옳은가? 부끄럽지 않은 일을 하고 있는가? 자기 자신만을 위해 이기적인 행동은 하고 있지 않은가?'라는 다양한 질문 앞에 자신이 바로 서있는지 살펴보아야 합니다.

"**악은** 모든 모양이라도 버리라"(**살전5:22**).

둘째, 죽음을 두려워해야 합니다.

죽음은 삶의 현상입니다. 누구나 한 번은 거쳐야 할 관문입니다. 어떤 사람에게는 좀 더 멀리 있고 어떤 사람에게는 아주 가까이 있습니다. 그리스도인들은 죽음을 생각하며 세상에 집착하지 말아야 합니다. 과도한 욕심을 부리지 말아야 합니다. 단지 주어진 현실과 시간 속에서 성실해야 할 사명만 있을 뿐입니다.

"**한번 죽는 것은** 사람에게 정하신 것이요"(히9:27).

셋째, 심판을 두려워해야 합니다.

심판은 있습니다. 심판의 날은 반드시 옵니다. 심판의 날에 우리가 할 수 있는 일이란 아무것도 없습니다. 변명도, 숨을 수도, 도망칠 수도 없습니다. 다만 각 개개인이 직접 심판대 앞에 서야 한다는 사실만은 분명합니다. 그러므로 그리스도인들은 마지막 심판의 때를 생각하며 두려운 마음으로 이 땅 위에서 경건하게 믿음으로 살아야 합니다.

"우리가 다 반드시 **그리스도의 심판대** 앞에 드러나 각각 선악 간에 그 몸으로 행한 것을 따라 받으려 함이라"(고후5:10).

넷째, 지옥을 두려워해야 합니다.

지옥은 무서운 곳입니다. 상상을 초월한 곳입니다. 고통만 있는 곳입니다(눅16:28). 지옥을 두려워하지 않는 사람들은 하나님의 말씀을 우습게 여깁니다. 다른 사람들을 죄짓도록 부추깁니다. 이 세상이 최고로 좋은 곳인 줄 알고 자기 마음껏 살아갑니다. 지옥이 있다는 것을 확실하게 안다면 두려워할 수밖에 없습니다.

"마땅히 두려워할 자를 내가 너희에게 보이리니 곧 죽인 후에 또한 지옥에 던져 넣는 권세 있는 **그를 두려워하라** 내가 참으로 너희에게 이르노니 그를 두려워하라"(눅12:5).

다섯째, 천국을 두려워해야 합니다.

믿음의 사람인 것처럼 살았지만 최종적으로 천국에 들어가지 못할 사람들이 많기 때문입니다. 사람 눈으로 보기에는 믿음이 좋은 것 같았는데 결국 천국에 들어가지 못하는 상황이 벌어질 수 있기 때문입니다. 진실한 믿음이 없다면, 진실한 믿음으로 살지 않는다면, 진실한 믿음을 보여주지 않는다면 천국은 멀리, 그것도 아주 멀리 있을 뿐입니다.

"그러므로 **우리는 두려워할지니** 그의 안식에 들어갈 약속이 남아있을지라도 너희 중에 혹 미치지 못할 자가 있을까 함이라"(히4:1).

나목(裸木)과 나력(裸力)

태백산맥의 웅장한 자태를 뽐내는 산등성이마다 하얀 눈이 겹겹이 반짝이는데 어디선가 겨울의 싸늘함과 추위를 알리는 칼바람은 쉴 없이 요동치고 요동치며 빠른 속도로 다가옵니다. 이렇게도 겨울은 깊어 가건만 그렇게도 푸르름을 자랑하던 나무들은 어느덧 나뭇잎 하나 없는 맨몸으로 추위를 맞이하고 있으니 계절의 위력 앞에 숙연해지기까지 합니다.

추위 앞에 맨몸 하나로 견디는 나무를 일컬어 **나목(裸木)**이라고 말합니다. 우리는 그야말로 모든 것이 드러나고 또 드러나는 모습을 일컬어 **적나라(赤裸裸)**하다고 말하는데 바로 겨울나무의 자태와 어찌 그리 닮았는지 실감하게 됩니다.

나목은 겨울이 위기이지만 이 위기를 잘 이겨내면 결국 생동감 있는 봄을 맞이할 것이고 만약 견뎌내지 못하면 푸르름도, 성장도, 생명력도 잃어버리게 될 것입니다. 나목 같은 모습으로 세상에 태어나 나목 같은 세상살이를 살다가 나목 같은 모습으로 세상을 떠나야 할 우리라 할지라도 희망을 갖는 것은 나목 같은 세상살이를 잘 견뎌내면 어느 순간 따뜻하고 포근한 새로운 세상을 맞이할 것이라는 믿음이 있기 때문입니다.

인생에 봄, 여름, 가을, 겨울이 있어 갖가지 시련과 어려움이 있겠지만 그때그때마다 견디고 버틸 수 있는 힘을 보여주어야 합니다. 계절이 변할 때마다 도전과 위기가 찾아와 힘들게 하겠지만 슬기롭게 헤쳐나갈 수 있는 저력을 발휘해야 합니다. 나목처럼 인생의 겨울을 맞이하여 적나라한 모습을 있는 그대로 보이겠지만 그럴수록 의연한 행동으로 이겨내야 합니다. 이것을 우리는 **나력(裸力)**이라고 말합니다.

모든 것을 내려놓았다 할지라도 존중받을 수 있는 힘이 있어야 합니다. 위치를 떠나서도 존중받는 인물이 되어야 합니다. 가진 것이 없어도 존중받는 그리스도인으로 기억되어야 합니다. 꾸준하게 견디고, 한결같이 견디고, 끝까지 견디다 보면 좋은 날이 있지 않겠습니까? **겨울 인생(裸木)속에서도 늠름한 모습(裸力)은** 그리스도인이 반드시 갖추어야 할 삶의 기본 조건입니다.

푸른 세상

시리도록 맑은 날씨에
해안 도로에서 만난 푸른 파도는
하얀 열기 연신 뿜어내며 활기를 더한다.

저만치 하늘과 맞닿은 바닷길은
큰 배, 작은 배 통로 되어
흔적 삼고 사라지는 여유 있어 보기 좋았다.

해맑은 햇살에 새겨진 드넓은 푸른 바다
가슴으로 다가와 가슴을 말없이 적시니
변함없는 일상에 큰 숨 들이쉬는 힘이 되었다.

푸르름으로 가득한 또 다른 세상 만끽하니
찬란하게 떠오를 내일의 태양 기대되고
희망과 열정 불태울 내일의 시간 기다려진다.

시간의 속도를 멈추게 할 수는 없나봅니다. 아침에 떠오르는 태양을 금방 본 것 같은데 어느새 태양이 소리 없이 살며시 지는 것을 자주 경험하게 됩니다. 그만큼 하루에 대한 아쉬움이 크기 때문이라 여기면서도 왠지 모르게 시간을 잡고 싶어 하는 것은 본능적인 것 같습니다. 세상 이치가 이와 같다면 가슴을 활짝 펴고, 내일에 대한 희망을 품고, 믿음으로 나아가기를 불태우며, 시간을 다정한 벗으로 삼아 오늘을 알차게 채워가야 합니다.

바다도 푸르고, 하늘도 푸른 것은 푸른 세상을 만들어가라는 하나님의 깊은 뜻이 있다고 여겨집니다. 오늘은 모처럼 만에 해안도로를 따라 바다를 바라보며 이 한 해에 펼쳐질 푸르디푸른 꿈을 상상해 보았습니다. 시간 속에서 펼쳐질 아름다운 푸른 세상은 언제나 나 자신에게 달렸음을 실감하는 오늘입니다.

낮과 밤

우리는 하루라는 시간을 통해 변함없이 다가오고 떠나가는 **'낮'**과 **'밤'**을 경험합니다. 낮과 밤이 있어 삶을 배우고 기쁨과 슬픔을 알아갑니다. 그리고 살아 숨 쉬고 있음을 확인합니다. **'낮'**이라 부르는 것은 할 일이 있어 움직일 수 있는 시간을 말합니다. 또한 **'밤'**이라 칭하는 것은 조용히 쉼을 갖고 내려놓는 시간을 일컫습니다. 낮의 뜨거움과 밤의 고요함이 하나 되어 결국 인생을 만들고, 생명을 키우며, 내일에 대해 희망을 품게 합니다.

이와 같이 자연의 이치에 따라 낮과 밤이 있듯이 믿음의 사람들에게도 낮과 밤이 있으니, 어떤 것들이 있는지, 무엇을 의미하는지 생각해보고자 합니다.

먼저 개인적인 낮과 밤이 있습니다.
믿음 안에서 별다른 문제없이 순탄하게 삶이 이어지는 경우를 개인적인 낮이라고 말합니다. 하는 일마다 잘 되고 빛이 납니다. 또한 부족함을 못 느끼고 평탄한 길이 펼쳐집니다. 그러므로 삶이 즐겁고 행복합니다. 그런데 어느 순간 밤이 찾아옵니다. 이 밤은 맥 빠지는 일들이 거듭거듭 생기는 날들을 말합니다. 신앙에 실망을 느끼고 진리를 깨닫지 못하여 방황합니다. 그래서 절망합니다. 어떻게 보면 지치고 피곤한 일상을 말합니다.

다음으로 시대적인 낮과 밤이 있습니다.

시대적인 낮에는 하나님의 진리의 말씀이 마음껏 선포됩니다. 진리로 인해 감격하고 하나님 섬기기를 최우선으로 여깁니다. 믿음의 역사가 나타납니다. 말씀이 살아있음을 온몸으로 체험합니다. 그리고 부흥이 쉼 없이 이루어집니다. 그런데 어느 순간 진리가 선포되지 않습니다. 말씀에 힘이 없습니다. 말씀에 관심이 없습니다. 하나님의 살아계심을 의심합니다. 불신과 불만이 넘쳐납니다. 시대적인 밤이 찾아온 것입니다.

끝으로 영적인 낮과 밤이 있습니다.

하나님께서 아름답고 귀한 일을 하도록 허락하신 소중한 시간을 영적인 낮이라고 일컫습니다. 믿음이 충만하고 기도와 말씀에 집중하여 두려움을 모르고 살아가는 시기입니다. 한 영혼, 한 영혼의 소중함을 절감합니다. 더불어 항상 구하고 찾고 두드리며 살아갑니다.

한편 영적인 밤은 어두움의 세력이 마음껏 지배하고 활동하는 시간을 말합니다. 우상이 힘을 발휘합니다. 허황되고 헛된 것에 사람들이 관심을 기울입니다. 상대적으로 진리를 우습게 여깁니다. 두려움이 전혀 없습니다. 그러므로 성령이 역사하지 않습니다. 낮과 밤은 늘 존재합니다. 우리가 생명을 갖고 살아가는 동안 낮과 밤을 피할 수 없습니다. 낮이면 낮대로, 밤이면 밤대로 믿음의 사람들은 믿음을 발휘하며 믿음으로 살아야 합니다. 믿음의 흔적을 남겨야 합니다.

"**때가 아직 낮이매** 나를 보내신 이의 일을 우리가 하여야 하리라 **밤이 오리니** 그때는 아무도 일할 수 없느니라"(요9:4).

따뜻한 마음

성경은 인생을 나그네로 비유합니다(벧전2:11). 왜 이런 비유로 말했을까요? 우리 인생이 마치 정처 없이 이리저리 떠돌아다녀야 하는 고달픈 인생, 헐벗고, 춥고, 배고픈 인생, 마음 둘 곳, 정 둘 곳 하나 없는 외로운 인생이기 때문일 것입니다. 그런데 이런 나그네 인생 속에서도 오아시스를 만나듯 짜릿한 기쁨을 만끽할 때가 있습니다. 바로 살아계신 하나님을 만날 때입니다. 믿음으로 구원받을 때입니다. 이럴 때 나그네 인생은 한순간 끝이 나고 의미 있는 인생이 펼쳐집니다. 진지한 인생이 새롭게 시작됩니다. 문제는 이것을 어떻게 피부로 느낄 수 있느냐 하는 것입니다. 어떻게 알 수 있느냐 하는 것입니다. 그것은 바로 믿음의 사람들과 만나고 교제할 때 하나님의 백성이 되었음을 경험합니다. 따뜻한 마음으로 친절을 베풀고, 서로를 배려하며, 넉넉한 마음으로 대할 때 나그네 인생에서 하나님이 함께하시는 인생이 되었음을 실감합니다. 이와 함께 피부로 와닿는 현상이 있다면 그것은 무엇일까요?

우선 눈물이 납니다.

작은 감동에도 눈물이 납니다. 행복해서 눈물이 납니다. 자신도 모르게 눈물이 고입니다. 보잘것없는 나약한 인생을 불쌍히 여겨 구원받게 해주신 것만 해도 너무나 귀한데 믿음 안에서 믿음의 사람들을 만나 위로하고 격려하며 따뜻한 믿음의 공동체를 만들어갈 수 있는 시간과 공간을 생각할 때 눈물이 앞을 가로막습니다.

그리고 희망을 봅니다.

고달픈 인생, 가난한 인생, 외로운 인생이 전부였는데 하나님을 만나고, 따뜻한 하나님의 사람들을 만남으로 마음이 바뀌고, 시각이 바뀌고 그래서 행동이 바뀌었다면 엄청난 변화가 생긴 것이 분명합니다. 이것을 살아있는 희망이라고 부르고 싶습니다. 이 희망에 새싹이 돋아나고 그래서 꽃을 피우고 마침내 탐스런 열매를 기대해 봅니다.

또한 감사하게 됩니다.

귀한 분들을 만나는 것도, 따뜻한 마음을 주고받는 것도, 진실과 진실이 통하는 것도 모두 다 하나님을 만났기에 가능한 일이었다면 오직 감사만 있을 뿐입니다. 인간으로 태어나 살아가는 것만 해도 감사한데 나그네 인생이 아니라 목적이 분명한 인생으로, 활기차고 건강한 인생으로, 사랑의 공동체를 만들어가는 인생으로 살아가고 있다면 감사하고 또 감사하지 않을 수 없음을 고백합니다. 저는 따뜻한 마음을 소유한 믿음의 사람들을 만날 때마다 눈물이 납니다. 그리고 희망을 봅니다. 또한 감사하게 됩니다. 건강한 신앙은 말에 있는 것이 아니라 따뜻한 마음을 주고받을 때 나타나는 사랑에 있음을 가슴 절절히 발견합니다.

신앙생활의 위기

위기는 살아있는 사람들에게 수시로 찾아오는 감기몸살인 것 같습니다. 위기는 약이 될 수도 있고 독이 될 수도 있음을 너무나 잘 압니다. 우리는 지금 어렵고 힘든 시대를 살아가고 있습니다. 시대적으로 불확실성이 너무 많은 시대에 직면해 있습니다. 이런 시대적인 흐름 속에서 신앙생활에도 위기가 찾아올 수 있다는 것입니다.

첫째, 배우지(學) 않으면 위기입니다.

배움은 이 세상에 널려있습니다. 배움의 대상은 눈에 보이고, 손에 만져지고, 귀에 들리는 모든 것이 되어야 합니다. 사람을 만나고, 인간관계를 맺고, 지역사회에서 움직이는 모든 활동이 배움이 되어야 합니다. 신앙적으로는 성경을 읽고, 설교를 듣고, 기도하고, 찬양하는 모든 것이 배움이 되어야 합니다. 이 세상에 배움 아닌 것은 아무것도 없습니다. 배우기를 그친다면 위기입니다. 위기를 극복하기 위해서라도 배워야 합니다. 스쳐 지나가는 바람결에도 배우기를 쉬지 않는다면 위기는 곧바로 기회가 될 것입니다.

둘째, 생각하지(思) 않으면 위기입니다.

그리스도인들이 위기에 빠지는 가장 근본적인 이유는 생각 없이 신앙생활을 감당하기 때문입니다. 생각 없이 교회에 다니고, 생각 없이 참여하고, 생각 없이 믿음의 길을 걸어가는 것입니다. 진지한 자기 성찰이 없다는 것입니다. 어떤 분은 오늘날 한국교회가 위기에 빠진 결정적인 이유를 '생각하는 능력의 부재'에 있다고 말했습니다. '생각해야 산다'는 말은 우리에게 용기와 힘을 주는 삶의 지혜입니다. 생각하기를 진지하게 고민한다면 위기는 오히려 밝은 희망이 될 것입니다.

셋째, 행동하지(動) 않으면 위기입니다.

아무리 배우고 생각하는 사람이라 할지라도 행동하지 않으면 아무런 소용이 없습니다. 예수님은 이렇게 말씀합니다."나더러 주여 주여 하는 자마다 다 천국에 들어갈 것이 아니요 다만 하늘에 계신 내 아버지의 뜻대로 **행하는 자**라야 들어가리라 그러므로 누구든지 나의 이 말을 듣고 **행하는** 자는 그 집을 반석 위에 지은 지혜로운 사람 같으리니"(마 7:21, 24). 행동의 결과인 열매가 없다면 무슨 소용이 있겠습니까? 행동하는 사람에게는 언제나 위기가 도전의 현장이 될 것입니다.

배우고, 생각하고, 행동하여 신앙생활의 위기를 슬기롭게 극복하고 좀 더 나아가 교회 공동체의식, 역사의식, 윤리의식에 관심을 기울임으로 세상 사람들로부터 외면당하는 일이 없었으면 합니다. 위기는 자기 자신을 겸허하고 진지하게 만드는 삶의 거울입니다.

3장

신앙생활, 종교생활

인생원칙

　겨울 추위의 진수를 느끼게 하는 요즘입니다. 추위는 맹렬한데 햇빛은 맑고, 하늘은 푸르고, 사물은 온통 고요하기만 합니다. 거실에 옹기종기 모여 있는 화초들은 동장군의 위세에도 아랑곳하지 않고 푸르름을 자랑하고 이 추위 속에서 안전하게 보호되어 생명력을 발휘하니 고맙기만 합니다. 추위에도 불구하고 맑고, 푸르고, 고요한 이 겨울이 하나님의 음성에 좀 더 가까이 다가가기 쉬운 때인 것 같습니다. 어쩌면 이 추운 겨울이 하나님의 음성에 귀 기울이기 가장 적합한 때인지도 모르겠습니다. 겨울 한파를 겪으며 인생살이에도 몇 가지 원칙이 있음을 발견했습니다. 이 겨울이 지나면 따뜻한 봄이 자연스럽게 찾아오듯 자연스럽게 본능적으로 느껴야 하는 인생원칙을 생각해 봅니다.

첫째, '소망이 있는가?' 하는 것입니다.
　소망은 넓은 마음을 가진 사람에게는 큰 소망으로 깃들이고, 원대한 꿈을 품은 사람에게는 시기적절한 때에 귀한 결실로 빛날 날이 있을 것입니다. 소망이란 무엇인가를 바라보는 것을 말합니다. 무엇인가를 바라본다는 것은 좋은 일입니다. 바라볼 만한 것이 있다면 가능성이 있다는 말입니다. 내일에 대한 꿈이 있다는 말입니다. 소망 있는 삶을 살아야 합니다. 소망은 삶에 기운을 불어주는 산소 같은 존재입니다.

둘째, '성실한가?' 하는 것입니다.

인생살이 가운데 성실만큼 보석처럼 빛나는 삶의 태도는 없는 것 같습니다. 가치 있는 삶을 살고 싶다면 성실함이 몸에 배어 있어야 함을 뼈저리게 실감합니다. 때로는 여유 있는 삶도 필요하고, 간혹 게으른 삶도 필요할 때가 있습니다만 결국 성실한 삶만이 건강한 삶을 지탱해주는 원천임을 절감하게 됩니다. 성실함은 우리를 언제나 세워주고 빛나게 할 것입니다. 항상 밝고 환한 삶은 성실함에서 묻어나는 아름다운 상징입니다.

셋째, '남길 만한 것이 있는가?' 하는 것입니다.

무의미하게 왔다 사라지는 삶이 아니라 소신 있는 흔적을 남기고 흔적을 보여줄 수 있는 삶이라면 비록 고단한 삶이라 할지라도 값진 삶인 것만은 분명합니다. 사람은 그 사람만이 가지고 있는 삶의 흔적이 있습니다. 자기에게 주어진 은사에 따라 남길 만한 흔적이 있기 마련입니다. 아름답고, 의미 있는, 보람된 흔적을 남기기 위해 얼마나 힘쓰고 애쓰고 있는지 점검해볼 필요가 있습니다. 남길 만한 것이 조금이라도 있다면 인생살이는 귀한 것입니다. 우리는 과연 무엇을 남기고 또 무엇을 남기기를 고민해야 할까요?

몸살을 생각하며

반갑지 않은 손님인 몸살이 슬며시 찾아왔습니다.
이 겨울에는 무탈하게 지나가고 싶었는데
거쳐 가야 할 관행처럼 속절없이
또다시 아파하고 있습니다.
찬바람만 불어도 의식적으로 피하고
조금만 움직여도 온몸에 힘이 없어
식은땀은 시도 때도 없이 흘러 육체를 자극합니다.

친하고 싶지 않은 손님인 몸살이 자연스럽게 다가왔습니다.
만나고 싶지 않은 피해야 할 대상인데
원하지 않은 시간에 이유 없이 다가와
몹시 힘들게 하고 있습니다.
누워도 편하지 않아 이리 뒤척 저리 뒤척
눈을 감아도 눈을 뜬 것처럼 정신은 멀쩡한데
집중은 되지 않고 지나가는 시간만 하염없이 쳐다봅니다.

불청객인 몸살은 직분에 관계없이
누구에게나 하얗게 웃음 짓는
신사처럼 조용히 다가와
도둑처럼 온몸에 힘을 다 빼앗아 놓고
위풍당당하게 조금씩 아주 조금씩 물러나는
기분 나쁜 손님입니다.
하지만 이 세상에 육신으로 왔기에
아파하고, 눈물짓고, 한숨 쉬는 것을
육신에게 주어진 공평한 분량이라 여기면
오히려 위로 되고 은혜 되는 것은
믿음의 사람들의 본능인가 봅니다.

틈이 있음을 불편하게 여길 필요는 없을 것 같습니다.
벌어진 틈에서 새어나오는 고통 소리가
호흡이 되고 기도가 되어
영과 육을 강하게 하는 도구가 된다면
육신이 감당해야 할 대상이 좀 더 생겨 부담은 되겠지만
아픈 만큼 성숙되게 하는 쓴 약이라 여기면 될 일입니다.
아! 이 세상에 은혜 아닌 것이 도대체 무엇인지
다시금 생각나게 하는 계절입니다.

초대교회의 장점

"교회가 살면 나라가 산다"는 말이 있습니다. 교회가 밝고 건강하면 나라가 자연스럽게 살아난다는 말입니다. 구원받은 사람들의 모임인 교회가 희망을 보여주고 아름다운 미래를 말씀으로 제시한다면 민족도, 사회도, 가정도, 개인도 복을 받고 누리는 삶이 될 것입니다. 이처럼 교회의 건강성은 아무리 강조해도 지나치지 않습니다. 성경에 등장하는 초대교회는 너무나 건강했고, 활기찼으며, 은혜가 넘쳤습니다. 어떻게 이런 일이 있을 수 있었을까요?

먼저, 뛰어난 영적 지도자가 있었기 때문입니다.

지도자는 그 공동체의 사활을 좌우합니다. 어떤 지도자가 세워지느냐에 따라, 그리고 그 지도자의 역할에 따라 공동체의 색깔이 달라집니다. 초대교회에는 사도 베드로, 사도 요한, 사도 바울 같은 영적 거장들이 중심을 잡고 있었기에 놀라운 역사를 체험할 수 있었고 위대한 흔적을 남길 수 있었습니다.

또한, 기도와 말씀으로 충만했기 때문입니다.

교회 공동체의 핵심은 기도와 말씀입니다. 초대교회 그리스도인들은 기도에 온 힘을 쏟았고 말씀을 갈급한 심정으로 받았습니다. 열심히 기도했기에 엄청난 기적을 경험할 수 있었고, 말씀에 생명을 걸었기에 복음사역을 확장시킬 수 있었습니다. 기도와 말씀으로 충만한 것만이 영적전쟁에서 승리하는 길임을 초대교회 그리스도인들은 정확하게 보여줍니다.

그리고 성령의 강력한 기름부음이 있었기 때문입니다.

인간적으로 할 수 없는 것, 아무리 힘쓰고 애써도 어찌할 수 없었던 일, 사방을 둘러보아도 희망이라고는 전혀 보이지 않는 문제 등이 성령의 기름부음의 역사로 한순간에 해결되는 경험을 초대교회 그리스도인들은 순간순간 체험합니다. 인간의 한계를 넘어서고 초월하는 놀라운 일들이 차고 넘쳤습니다. 성령의 기름부음이 있었기에 새로운 역사를 펼쳐갈 수 있었습니다. 오늘 이 시대에도 초대교회와 같은 놀라운 은혜가 두루 두루 있었으면 하는 마음 간절합니다. 수많은 교회와 수많은 그리스도인들이 있음에도 불구하고 왠지 모르게 허전하고 당황스러운 것은 어찌된 영문인지 모르겠습니다. 시대적으로 암울한 이때 깨어 있는 교회로, 살아있는 믿음의 사람으로 쓰임 받기를 간구해야 합니다. 이 시대 교회들이 초대교회로 돌아갈 수는 없으나 현재 우리가 우리 교회를 초대교회처럼 만들 수는 있지 않겠습니까?

"이 시대에도 초대교회처럼 장점을 허락하옵소서."

위대한 부정(否定) 7가지

흐르는 세월을 막을 수 없듯이 변화무쌍한 계절의 변화도 막을 수 없나 봅니다. 봄을 재촉이라도 하듯 가랑비가 조용히 소리 없이 내리고, 양지바른 화단에는 튤립 새싹이 방긋방긋 솟아나 살아 숨 쉼을 알려줍니다. 시간의 흐름 속에 역사는 만들어지고 또한 위대했던 믿음의 선배들의 신앙절개도 고스란히 남아 후손들에게 전해지니 흐르는 세월을 탓할 일만은 아닌 듯합니다. 성경에 등장하는 '위대한 부정(否定) 7가지'를 소개하면서 흐르는 시간을 통해 우리 자신의 신앙을 다시 한 번 점검하는 계기가 되었으면 합니다.

첫째, 예수님을 떠나서는 아무것도 할 수 없다는 것입니다.

"나는 포도나무요 너희는 가지니 저가 내 안에, 내가 저 안에 있으면 이 사람은 과실을 많이 맺나니 나를 떠나서는 너희가 아무것도 할 수 없음이라"(요15:5).

둘째, 사랑이 없으면 아무것도 아니라는 것입니다.

"내가 예언하는 능이 있어 모든 비밀과 모든 지식을 알고 또 산을 옮길 만한 모든 믿음이 있을지라도 사랑이 없으면 내가 아무것도 아니요"(고전13:2).

셋째, 피 흘림이 없으면 죄 용서가 없다는 것입니다.

"율법을 좇아 거의 모든 물건이 피로써 정결케 되나니 피 흘림이 없은즉 사함이 없느니라"(히9:22).

넷째, 믿음이 없으면 주를 기쁘시게 못한다는 것입니다.

"믿음이 없이는 기쁘시게 못하나니 하나님께 나아가는 자는 반드시 그가 계신 것과 또한 그가 자기를 찾는 자들에게 상 주시는 이심을 믿어야 할지니라"(히11:6).

다섯째, 징계가 없으면 참 자녀가 아니라는 것입니다.

"징계는 다 받는 것이거늘 너희에게 없으면 사생자요 참 아들이 아니니라"(히12:8).

여섯째, 화평함과 거룩함이 없으면 주를 볼 수 없다는 것입니다.

"모든 사람으로 더불어 화평함과 거룩함을 좇으라 이것이 없이는 아무도 주를 보지 못하리라"(히12:14).

일곱째, 행함이 없으면 죽은 믿음이라는 것입니다.

"영혼 없는 몸이 죽은 것 같이 행함이 없는 믿음은 죽은 것이니라"(약2:26).

성실한가?

　시간은 누구에게나 똑같이 주어진 신비로운 하늘양식입니다. 시간은 언제나 조용히 고요하게 소리 없이 흐르는 선비 같은 나그네입니다. 시간은 냉정하고 정확하며 긴장하게 만드는 기상나팔입니다.

　오늘 지금이라는 시간 속에 살면서 시간의 위대함을 잊어버리지는 않았는지 경각심을 가져야 할 것 같습니다. 왜냐하면 주어진 시간 앞에서 '나는 과연 성실한가?'를 물어야 하기 때문입니다. 인생이라는 시간을 풀어나갈 때 가장 중요한 덕목이 있다면 '성실'이라고 말할 수 있습니다. 성실한 삶은 어떤 환경, 어떤 위치, 어떤 행동 가운데서도 빛날 수밖에 없는 고귀한 자원입니다. 우리는 왜 성실해야 하는지, 어떻게 성실해야 하는지, 무엇을 위해 성실해야 하는지 끊임없이 질문해야 하고 응답을 얻어야 합니다. 신앙생활을 내실 있게 감당하려면 성실은 없어서는 안 될 필수조건입니다.

- 예배를 귀하게 하나님께 시간 맞춰 드리기 위해서라도 성실해야 합니다.

- 기도와 말씀으로 강건하게 무장하기 위해서라도 성실해야 합니다.
- 십일조와 감사예물을 정성껏 바치기 위해서라도 성실해야 합니다.
- 맡겨진 직분에 따라 헌신하고 봉사하기 위해서라도 성실해야 합니다.
- 믿음을 최우선적으로 여기며 살기 위해서라도 성실해야 합니다.
- 교회의 부흥과 가정의 평안과 개인의 성장과 발전을 위해서라도 성실해야 합니다.
- 하나님의 영광을 위해 일하기 위해서라도 성실해야 합니다.

성실한 신앙인은 언제나 감동을 줍니다. 믿음직하게 행동합니다. 든든한 기둥과 같은 역할을 서슴없이 합니다. 신앙의 위대한 위인들도 한결같이 성실했음을 발견합니다. 특별히 예수님은 더욱더 성실하셨습니다. 꾸준한 신앙생활에는 반드시 그 사람의 성실함이 있었기에 가능한 결과일 것입니다. 요즘은 천차만별의 시대여서 그런지 사람들의 생각도, 사람들의 행동도, 사람들의 삶도 너무 다양하고 특이해서 혼란스럽기가 하늘을 찌르고도 남을 지경입니다. 이런 혼탁하고 어지러운 시대에도 하나님은 사람을 찾으십니다. 성실한 사람을 찾으십니다.

육신의 삶도 성실하지 않으면 인정받지 못하는데 하물며 하나님 앞에서 성실한 모습을 보이지 않는다면 어떻게 칭찬을 기대할 수 있겠습니까? 진지하게 물어야 합니다. **"나는 하나님 앞에서 과연 성실한가?"**

꿈을 갖는 사람

꿈속에 현실이라는 희망을 담아 살짝 펼쳐보니
꿈은 가슴 설레게 하는 고맙고 반가운 속삭임
꿈을 갖는 사람 꿈이 있어 빛나고
잔뜩 흐린 세상에서 앞날의 희망

현실은 꿈의 공연장
가슴속 작은 꿈 꺼내 쉼 없이 다듬고 다듬어
비록 기쁜 일, 슬픈 일 끝없이 있다 하나
소중하고 알찬 열매로 빛나길 소망하네.

꿈을 갖는다는 것은 쉬운 것 같으면서도 그리 쉽지 않은 주제입니다. 분명한 목적과 방향이 없다면 꿈을 갖는다는 말은 뜬구름 같은 이야기지만, 가야 할 목적과 방향이 확실하다면 꿈을 갖는다는 말은 너무나 쉬우면서도 당연한 이야기가 될 것입니다.

구약 성경에 등장하는 요셉만큼 현실감각이 뛰어난 꿈을 꾼 사람은 없었습니다. 그 꿈 때문에 같은 형제들로부터 미움과 시기를 받아야 했고, 죽음의 고비도 경험해야 했으며, 노예로 팔려가는 처량한 신세가 되는가 하면, 급기야 죄인이 되어 감옥에 갇히는 억울한 누명을 쓰기도 했습니다. 가면 갈수록 태산이었던 요셉이었음에도 불구하고 이런 일련의 과정이 도리어 어린 요셉을 강하고 성실한 요셉으로 변화시켰으며, 오히려 그 꿈 때문에 말할 수 없는 고난을 받았지만 한편으로는 성공한 유일한 사람으로 소개되고 있음을 발견합니다.

꿈이 있다면 꿈을 위한 희생도 기꺼이 감내해야 합니다. 하고 싶은 것 다 하고, 가고 싶은 곳 다 가고, 간섭하고 싶은 것 다 하면 아무리 꿈을 갖고 살아도 그 꿈이 현실이 되고 열매가 되기는 어렵습니다. 꿈이 현실이 되고 기쁨과 감격이 되게 하려면 인내하고 절제하며 집중해야 하는 것은 지극히 당연한 몸부림일 것입니다.

귀한 꿈, 선한 꿈, 하나님께 영광이 되는 꿈을 품고 살았으면 합니다. 너무 힘들고 어려워 앞이 보이지 않고 캄캄할 때는 가슴속에 품고 있는 꿈을 되새기면 큰 도움이 될 것입니다. 그리스도인은 꿈을 소중하게 여기는 건강하고 복된 사람들이기에 오늘도 내일도 언제나 희망 있는 사람으로 파이팅입니다.

역설의 신비

사도바울은 역설적으로 그리스도인을 이렇게 표현합니다.

"우리는 속이는 자 같으나 참되고 무명한 자 같으나 유명한 자요 죽은 자 같으나 보라 우리가 살아 있고 징계를 받는 자 같으나 죽임을 당하지 아니하고 근심하는 자 같으나 항상 기뻐하고 가난한 자 같으나 많은 사람을 부요하게 하고 아무것도 없는 자 같으나 모든 것을 가진 자로다"(고후6:8~10).

그리스도인은 세상의 기준으로 보면 정말 보잘것없는데 믿음의 눈으로 보면 그야말로 값진 사람들입니다. 알찬 사람들입니다. 햇살 같은 사람들입니다. 특별한 사람들입니다. 참된 복이 무엇인지 아는 사람들입니다.

예수님도 역설적으로 이렇게 말씀하셨습니다.

"너희 중에 큰 자는 너희를 섬기는 자가 되어야 하리라 누구든지 자기를 높이는 자는 낮아지고 누구든지 자기를 낮추는 자는 높아지리라"(마23:11~12).

겸손하게 사는 사람만이 인정받을 수 있다는 말씀입니다. 나보다 상대방을 배려하고 격려하는 사람이 앞서갈 수 있다는 말씀입니다. 자신만의 이기적인 삶보다 다함께 나눌 수 있는 용량을 가지고 있는 사람이 지도자가 될 수 있다는 말씀입니다.

역설적인 말씀을 볼 때마다 아무리 생각해 보아도 앞뒤가 맞지 않는 것 같습니다. 그런데 자세히 보면 엄청난 지혜를 담고 있습니다. 언뜻 보기에는 모순처럼 보입니다. 그런데 곰곰이 들여다보면 대단한 통찰력을 발견하게 됩니다. 말도 안 되는 터무니없는 소리 같습니다. 그런데 시간이 지나면 지날수록 말이 되는 진리의 소리임을 고백하게 됩니다. 역설은 신비하게도 사람의 마음을 움직이게 합니다. 사람의 마음을 예리하게 파고듭니다. 사람의 마음을 오래도록 감동시키는 힘이 있습니다.

봄의 서막을 알리기라도 하듯 봄비가 내리고 있습니다. 이젠 햇살도 제법 따뜻하고 낮의 길이도 조금씩 길어지고 있어 농사 준비에 분주한 계절이 되었음을 실감합니다. 이처럼 따뜻한 봄의 계절에 역설의 신비를 조금이라도 경험하는 풍성한 은혜가 있었으면 합니다. 그리스도인의 삶은 역설의 삶을 진정성 있게 깨우쳐갈 때 온전케 되는 신비로운 삶입니다.

재능과 노력 그리고 절제

 한 분야에서 크게 이름을 떨치는 사람들을 보면 감탄이 절로 나올 때가 많습니다. 전문가, 프로, 고수라고 불리는 사람들의 삶을 들여다보면 무언가 남다른 면이 있다는 것을 쉽게 발견합니다. 그래서 우리는 그들의 삶을 '대단하다', '존경스럽다', '아름답다'라고 말합니다. 하지만 당사자인 그들의 삶을 눈여겨보면 쉽게 그냥 그렇게 된 것이 아님을 알 수 있습니다. 그들을 그렇게 성공적인 인물로 만든 원동력은 무엇이었을까요?

먼저, 재능이 있었다는 것입니다.

 자신이 정말 하고 싶은 것을 자신이 갖고 있는 재능으로 감당했다는 것입니다. 정말 잘할 수밖에 없는 재능을 타고 났고, 그것을 잘 활용할 수 있었기에 빛을 발휘할 수 있었습니다. 어떻게 보면 없는 재능에 투자한 것이 아니라 타고난 재능에 투자하여 재능을 조금씩 발산하다 보니 좋은 결과가 나타난 것입니다. 타고난 재능이 있다면 마음 깊이 감사할 일입니다.

다음으로, 노력이 있었다는 것입니다.

노력한다고 모두 다 성공적인 삶을 사는 것은 아닙니다. 하지만 노력하는 사람 중에 성공적인 사람이 배출되는 것만은 사실입니다. 어떻게 보면 노력하는 삶은 곧 치열한 삶을 말하기도 합니다. 재능은 있지만 노력하지 않는다면 결과는 허무할 뿐입니다. 노력한다는 것은 결단이고 선택이기에 자신만의 땀방울, 피눈물이라고 여기면 좋을 듯합니다.

마지막으로, 절제가 있었다는 것입니다.

재능이 있어 노력했다고 해도 절제하지 못한다면 아름답지 못한 삶으로 끝날 수도 있습니다. 조심하고 또 조심해도 유익할 수 있는 것은 절제라는 미덕이 있기에 가능한 것입니다. 과욕은 결국 마음과 몸을 해롭게 하지만 오히려 절제하면 마음과 몸이 더 건강해지는 것은 자연의 이치인 것 같습니다. 수준 높은 삶이란 절제된 삶을 일컫는 말이라고 해도 무방할 것입니다. 큰 인물은 절제가 무엇인지 가슴 절절히 알고 있는 사람들입니다.

겉과 속의 불일치

사람을 만날 때 가끔씩 긴장하는 것은 어쩌면 상대방의 겉과 속을 알수 없기 때문인지도 모르겠습니다. 삶의 경륜이 더해지면 더해질수록 깨끗하고 순수해야 할 텐데 그렇지 못한 것이 현실이다 보니 겉과 속이 다른 모습을 볼 때마다 가슴이 따갑도록 아파옵니다. 겉과 속의 불일치는 사람에 대해 무엇을 말해주는 경고일까요?

먼저, 삶이 병들었다는 말입니다.

자연스러운 삶이 건강한 삶입니다. 자연스러움을 역행하면 남는 것은 가슴 아픈 일밖에는 없습니다. 복잡하고 답답한 일들이 너무 많다 보면 자기 자신도 감당할 수 없게 되고, 이것이 조금씩 조금씩 누적되다 보면 부자연스러운 현상으로 드러나고, 그것이 부조화를 이루어 삶을 엉망으로 만들어 버립니다. 그럴 때 나타나는 것이 바로 겉과 속이 다른 행동으로 표현되는 병든 현상입니다.

또한, 아직도 가야할 길이 멀었다는 말입니다.

겉은 멀쩡한데 속이 음흉하다면 그 사람은 아직도 한참 철이 덜 든 사람입니다. 속은 괜찮은 것 같은데 겉은 위선으로 가득하다면 그 사람도 아직 제대로 된 사람이 되려면 한참 먼 사람입니다. 이런 사람들은 바른 것이 무엇인지, 어떻게 살아가야 하는지, 하나 되는 것이 어떤 것인지에 대해 조금도 건전한 고민을 하지 않는 사람들입니다. 자신만 편안하고 문제없으면 남이야 어떻게 되든지 상관없다는 전제가 깔린 어리석은 사람들입니다.

그리고 불신앙적인 행동이 표현되었다는 말입니다.

하나님에 대한 두려움이 없습니다. 앞으로 겪게 될 심판에 대해 무감각합니다. 누가 무슨 소리를 해도 눈도 깜짝하지 않습니다. 얼마나 큰 잘못을 저지르고 있는지에 대해 관심이 전혀 없습니다. 자기 자신을 중심으로 삼고 자기 자신만을 위하지만 결국 자기 자신에게 속고 사는 것이라 할 수 있습니다. 겉과 속이 다른 행태는 살아계신 하나님을 거부하고 사람을 우습게 여기는 불신앙적인 요소가 첨가된 악한 행동입니다.

그리스도인은 어떤 일이 있어도 겉과 속이 하나가 되어야 합니다. 정신 차리고, 신경 쓰고, 마음을 모아 불일치를 극복하기 위해 땀 흘리는 수고로움이 있어야 합니다. 삭막한 현실이 앞을 가로막고 있다 할지라도 영과 육이 하나 되고, 생각과 행동이 하나 되며, 삶과 신앙이 하나 될 수 있도록 힘쓰고 애썼으면 하는 마음이 간절합니다. 완전한 사람은 그 어디에도 없습니다. 다만 완전을 위해 주어진 시간을 마음껏 활용하는 지혜로움이 있어야 하지 않겠습니까?

성지순례를 앞두고⑴

2000년이라는 시간을 초월하여 오늘 현재 이 시간의 현장으로 부딪히고 경험하기 위해 성지순례를 떠납니다(이집트, 이스라엘, 요르단). 생각지도 않았고 생각할 수도 없었던 일들인지라 가슴 벅찬 마음을 표현할 길은 없으나 의미 있는 여정이기에 뜻깊은 성지순례가 되었으면 하는 마음이 간절합니다. 여러모로 기도해 주시고 후원해 주신 분들의 따뜻한 마음과 격려가 있었기에 큰 행사를 별 무리 없이 진행할 수 있어서 고마울 뿐입니다.

- 옛 믿음의 선조들이 어떻게 믿음의 길을 걸어갔는지, 어떻게 생활하며 믿음을 지켰는지 현장 속에서 온몸으로 느끼고 배우겠습니다.
- 구원받은 하나님의 백성으로 선택하신 뜻이 어디에 있는지 골똘히 되새기며 의미를 담아오도록 하겠습니다.
- 지금은 보이는 것이 없어 현장감이 없으나 현장 속에서 펼쳐질 이야깃거리들을 두 눈과 두 귀를 통해 보고 들으면서 마음 깊이 새기고 새겨 오겠습니다.
- 하늘의 소리, 땅의 소리를 귀담아 들으며 영원한 생명 되시고 밝은 빛

되시는 구세주 예수 그리스도를 마음껏 찬양하며, 마음껏 높이고 돌아오겠습니다.

여행이 귀하다는 것을 너무나 잘 알고 있으면서도 여행 한 번 제대로 해본 적 없는 우리 부부가 성지순례라는 뜻하지 않은 크나큰 선물을 받고 여행길에 오릅니다. 부족하지만 늘 채워주시고, 연약하지만 항상 힘 주시고, 어리석지만 항상 지혜 주시는 하나님이 나의 아버지 되심을 그 무엇으로 표현해야 할지 도무지 감당할 수 없을 정도의 감동이 가슴 깊은 곳에서부터 밀려옵니다.

> 구원, 하나님이 허락해 주신 특별한 은혜
> 불완전이 완전해지는 놀라운 조화.
>
> 믿음의 길, 고단한 삶의 여정
> 구별된 사람만이 떠날 수 있는 결단의 현장.
>
> 성지순례, 가슴 설레게 하는 각본 없는 드라마
> 갑자기 손짓하며 다가온 소중한 여행.
>
> 아! 그래서 더 가까이 더 오래도록
> 아름답다 귀하다 말하고 싶은 영원한 선물들.

성지순례를 마무리하며(2)

　기도해 주시고 염려해 주신 덕분에 9박 10일이라는 성지순례(이집트, 이스라엘, 요르단)를 의미 있게 잘 다녀오게 되었습니다. 다시금 여러분들의 밝은 얼굴을 보게 되니 **"내가 형님의 얼굴을 뵈온즉 하나님의 얼굴을 본 것 같사오며"**(창33:10)라는 야곱의 고백이 실감납니다. 잠시 잠깐 조국교회를 떠나 있었지만 내 나라, 내가 섬기는 교회가 얼마나 귀하고 소중한지를 배울 수 있는 뜻깊은 시간이었던 것만은 분명했습니다. 성지를 순례하며 보고 느끼고 경험한 것을 머리로 정리하고 가슴으로 새기며 정리한다면 다음과 같습니다.

먼저, 행복했습니다.

　멀고 먼 타국에서 성경에 등장하는 지역과 더불어 예수님이 태어나시고 활동하셨던 지역을 두 눈으로 직접 보고 들으며 생각할 수 있는 기회가 주어졌다는 현실 앞에서 '너무나 큰 복을 받았구나'하는 말할 수 없는 진한 감동이 밀려왔습니다. 이른 아침부터 저녁까지 빡빡하게 짠 계획에 따라 움직이고 또 움직였지만 행복하고 또 행복했습니다. 끝없이 펼쳐진 광야와 사막을 지나며 성도들 한 사람 한 사람을 위해 기도

했던 순간들, 하나님을 찬양하고 예배했던 시내산 정상에서의 예배, 골고다 언덕에서 예수님이 지셨던 십자가 체험, 성지에서의 주일예배, 그리고 갈릴리 호수에서의 선상예배 또한 행복하고 행복한 순간이었습니다. 시간이 지나가는 것이 아깝고 아쉬울 정도로 순간순간이 모두 다 행복하고 행복했습니다.

한편으로는 가슴이 아팠습니다.

성지의 현장과 환경을 보니 가슴이 답답했습니다. 꼬이고 꼬여 있는 현실이 가슴을 아프게 했습니다. 돈벌이와 장사로 얼룩진 성지는 이름만 성지지 이젠 한참이나 의미가 퇴색되어 버린 속 빈 강정처럼 보였습니다. 수많은 사람이 찾아오고 방문하다 보니 본질은 흐려지고 각색되고 변형된 현장의 모습에 한숨이 나왔습니다. 특별히 예수님이 탄생하신 곳과 사역하셨던 곳 그리고 죽음을 맞이했던 곳곳마다 화려하게 치장하고 돈이 오고가는 장사판이 된 현실이 몹시 안타까웠습니다.

그러나 희망을 보았습니다.

특별한 은혜로 옮겨진 믿음의 불꽃이 우리 대한민국에 심겼고 그 믿음이 조국과 조국교회를 살려냈으며 그 기적적인 역사가 오늘 이 시간 이 현장에서 실현되고 있다는 현실에 무한히 감사했습니다. 하나님을 모르고 구세주 예수 그리스도를 몰랐다면 어찌되었을까를 생각하면 할수록 아찔했지만 오히려 기독교 역사의 살아있는 현장에서, 피 흘린 현장에서 당당하게 믿음의 사람으로, 하나님의 백성으로 이 여정에 동참하고 있음에 감사했습니다. 하나님은 선택된 사람, 선택된 민족을 들어

귀하게 쓰신다는 것을 잘 알고 있기에 이왕이면 우리 민족이, 여러분과 내가 마지막 때에 희망을 보여주는 일꾼으로 쓰임 받으면 얼마나 좋을까를 생각했습니다. 이 간절한 희망이 우리 대한민국 속에서, 그리고 믿음의 사람들 속에서 현실이 되고 열매가 될 수 있다는 가능성을 발견했습니다.

성지의 여정을 뒤돌아보니 꿈같은 시간이 훌쩍 한순간에 지나간 것 같습니다. 오랜 시간의 비행, 나라마다 다른 입국 절차, 끝없는 광야와 사막, 물이 없어 일상생활에 불편해하던 모습, 화장실마다 지불해야 하는 요금, 나라마다 독특한 음식들, 피곤하고 힘들었지만 규칙적인 시간 계획에 따라 정신없이 움직였던 하루하루, 성경에 등장하는 지명들을 직접 찾아가 현장을 확인하고 설명을 듣던 감동의 순간순간들은 오래도록 기억될 아름다운 추억이 될 것 같습니다. 성지순례는 저의 목회사역에 큰 빛을 제공한 귀한 선물이었습니다. 가슴에 새기고 또 새기겠습니다.

어려움이 찾아왔을 때

　남들 보기에는 평온한 일상인 듯 여겨지지만 각자의 삶을 들여다보면 사연도 많고, 문제도 많은 것이 우리네 삶인가 봅니다. 믿음으로 귀한 삶을 감당하겠다고 다짐하며 살아가면서도 막상 그리스도인들에게 어려움이 닥쳐오면 이 어려움은 냉엄한 현실이다 보니 언제나 부딪히고 견디며 풀어야 할 숙제인 것만은 분명해 보입니다. 문제없는 세상, 상처 없는 세상, 한숨 없는 세상은 그 어디에도 없는 것 같습니다. 어려움이 예고 없이 찾아왔을 때 그리스도인은 어떻게 대응해야 할까요?

먼저, 하나님의 뜻이 어디에 있는지 살펴야 합니다.
　세상만사에 우연이란 없습니다. 아무리 사소하다 할지라도 의미 없는 것은 없습니다. 분명한 뜻이 있음을 빨리 알아 지혜롭게 처신하는 것이 필요합니다. 하나님께서 필요하셔서 허락한 어려움이라면 반드시 좋은 일이 생기지 않겠습니까?

다음으로, 하나님을 전적으로 의지해야 합니다.
　어려움은 어쩌면 하나님의 시험일 수 있습니다. 얼마나 하나님을 믿고 의지하는지 알아보기 위한 한 단계일 수 있습니다. 도움을 주시기 위해 미리 연단하시는 과정일 수 있습니다. 무슨 일이 일어나든 그리스도인은 하나님만을 의지해야 합니다.

그리고 하나님께 모든 상황을 맡겨야 합니다.

현재를 살아가는 것이 전적으로 하나님의 은혜임을 마음 깊이 깨닫는다면 생사화복(生死禍福)을 책임지시는 하나님께 우리의 모든 것을 맡긴다 한들 무엇이 그리 어렵겠습니까? 성실하게 최선을 다해 믿음으로 살되 또한 믿음으로 하나님께 맡기는 삶, 이것이 어려움을 극복하는 지름길입니다.

산들바람이 불어옵니다. 가녀린 나뭇가지들은 거역할 수 없는 힘에 의해 춤추며, 새파란 나뭇잎들은 연신 방긋방긋 미소 짓는 것 같습니다. 생명이 있어 새싹을 틔우고 살아있음을 증명이라도 하듯이 그늘을 넓게 드리우는 자연의 건강한 모습은 보기에도 좋고, 가까이 다가가면 평안함을 느끼게 하는 다정한 친구 같습니다. 하지만 저들도 치열한 자연법칙에 따라 생존의 열기를 거듭거듭 뿜어내며 이 순간까지 견뎌오지 않았을까 하고 생각해 보니 참으로 대견하기만 합니다. 어려움이 찾아왔을 때 믿음이 한 단계 도약하고 발전할 수 있는 기회라 여기며 넓은 마음을 갖는 것이 무엇보다 중요합니다. 어려움이 찾아왔으니 이제 복 받을 일도 멀지 않았습니다.

자녀를 향한 부모의 마음

목회를 감당하면서 늘 마음속에 부담을 안고 사는 것이 몇 가지 있습니다. 그 중에서도 특별히 자녀들에 대한 부담감입니다. 지나가는 한여름의 천둥번개를 동반한 소나기처럼 왠지 모르게 슬쩍슬쩍 아픔으로 다가올 때가 자주 있습니다. 어리면 어린대로, 크면 큰대로 좀 더 잘해주지 못한 안타까움이 시간이 지나면 지날수록 진한 아쉬움과 여운으로 가슴속에 남아있기 때문입니다.

그럼에도 불구하고 어릴 때부터 지금까지 기회가 주어질 때마다 아들, 딸에게 항상 강조하고 또 강조하는 것이 있습니다. 그것은 어지럽고 혼란스러운 세상 속에서 놓치지 말아야 할 세상에 대한 대처 방법인데 믿음으로 잘 받아들이고 활용만 잘 한다면 삶 가운데 많은 도움이 되리라 확신해 봅니다.

첫째, '세상에 공짜는 없다.'
사람이 정당하게 일하고, 일한 만큼 보상받는 것은 지극히 당연한 일입니다. 세상에 편한 일, 쉬운 일, 그저 그런 일은 없습니다. 땀 흘리고 수고한 만큼 보람을 느끼고 성취할 수 있는 것입니다. 심어야 열매가 있고, 노력해야 대가가 있는 것이지 심지도 않고 노력도 하지 않으면서 열매를 기대하고 대가를 바란다면 정신 바짝 차려야 할 중대한 상황이라고 생각해야 합니다.

저는 늘 강조합니다. 세상에 공짜는 없다고. 만약 공짜가 있다면 그것은 분명히 문제가 있다고. 마찬가지로 신앙생활도 정녕 공짜는 없다고. 공짜는 조심하고 또 조심해야 할 삶의 기본 법칙입니다.

둘째, '심심하면 책을 읽어라.'

농촌에서 목회할 때 가장 가슴 아팠던 것은 주위에 우리 아이들 또래 친구들이 하나도 없었다는 것입니다. 주위에 친구가 없는 현실을 어떻게 설명하고 이해시켜야 할지 정말 답답했습니다. "함께 놀 친구가 없어요, 친구가 없어서 심심해요"라고 투정부릴 때마다 옆에서 지켜보는 저의 마음은 언제나 막막하기만 했습니다. 어떻게 해줄 수 없는 안타까운 현실에 부딪힐 때마다 저는 이렇게 이야기했습니다. "심심하면 책을 읽으렴. 책 속에는 친구들이 있단다. 그리고 책과 함께 대화하고 놀면 어떨까?"

어린아이들에게는 받아들이기 힘든 말이었겠지만 지금 돌이켜보면 좋은 습관을 길러 준 아름다움이자 아픈 추억이 아닐 수 없습니다. 책을 읽읍시다. 다양한 분야의 책을 읽읍시다. 특별히 생명의 말씀인 성경 책을 읽읍시다. 책은 삶의 방향을 올바르게 가르쳐 줄 듬직한 안내자가 될 것입니다.

셋째, '가장 하고 싶고, 가장 잘하는 일을 하며 살아라.'

사람에게는 하나님이 주신 특별한 재능들이 있습니다. 하나님이 주신 자기의 특별한 재능을 빨리 찾아 계발하고 발전시키는 것이 무엇보다 중요합니다. 대부분의 사람들은 하기 싫은 일을 억지로 하고 남의 눈치를 보며 어쩔 수 없이 주어진 일을 감당합니다. 이런 일들은 삶을 피곤하게 하고, 무미건조하게 하며, 급기야는 삶의 존재 가치를 상실하게 만듭니다. 자기의 재능과는 상관없이 전공을 선택하고 직업을 갖는 사람들이 너무 많습니다.

저는 저의 자녀들이 주어진 재능에 따라 살되 하나님께는 언제나 영광이 되고 사람들에게는 선한 유익을 끼칠 수 있는 삶을 살기를 소원하고 있습니다. 가장 하고 싶고, 가장 잘하는 일은 구하고 찾고 두드리다 보면 발견할 수 있는 삶의 에너지입니다.

놓치지 말아야 할 것

선하고 신실한 그리스도인들과 더불어 이곳 삼흥에서 목회한 지 벌써 10여 년이 되었습니다. 순간순간이 모두 다 귀한 시간이었지만 엊그제 같은 10년이 하루 한순간에 지나간 것처럼 느껴져 세월의 빠른 흐름을 절감합니다. 시간 속에서 나름대로는 뜻있게 목회하려 했지만 과연 얼마나 의미 있게 목회했는지는 하나님만 아실 일인 것 같습니다. 그럼에도 불구하고 늘 목회사역 가운데 결코 놓치지 않으려고 했던 것이 몇 가지 있습니다.

첫째, '감사'입니다.

과거, 현재, 미래를 관통하는 삶의 핵심은 감사라고 주저 없이 말하고 싶습니다. 감사가 빠지면 삶의 활력이 빠지는 것과 마찬가지라고 보면 정확할 것입니다. 어디에 있든지 무슨 일을 하든지 어떤 환경에 처해 있든지 감사하면 길이 열리고 응분의 열매가 맺히게 되어 있습니다.

감사하는 마음, 감사하는 정신자세, 감사하는 신앙생활을 하나님은 오늘도 지켜보고 계십니다. 언제나 감사함으로 삶의 여정과 신앙의 여정을 풍성하게 가꾸었으면 좋겠습니다. 그것이 복된 삶입니다. 유익한 삶입니다. 먼 훗날 뒤돌아보며 흐뭇하게 웃을 수 있는 삶입니다.

둘째, '고요'입니다.

바삐 움직이는 것을 미덕으로 생각하는 현대인들에게 고요는 어쩌면 어울리지 않는 정신적 사치일 수 있습니다. 못 말리는 시간 낭비일 수 있습니다. 하지만 아무리 바쁘다 할지라도 자기 자신을 점검할 수 있는 자기만의 조용한 시간을 확보할 수 없다면 어찌 그 사람을 건강한 사람이라고 말할 수 있겠습니까? 정신없이 사는 동안 보이는 것은 돈이요 생각하는 것은 성공뿐이라면 얼마나 허망한 일이겠습니까?

그리스도인들은 가끔씩 고요한 하늘을 쳐다봐야 합니다. 그리고 하늘의 고요를 나의 고요로 삼아 삶을 충전해야 합니다. 고요한 시간은 하나님께 자신을 알뜰하게 점검받는 짜릿한 휴식의 시간입니다. 그리고 기회의 시간입니다.

셋째, '여유'입니다.

땅은 좁고 사람은 많아 여유 있게 살 형편이 못 된 것이 과거 우리의 형편이었습니다. 가진 것은 없고 기댈 만한 언덕이 없으니 여유를 가질 입장이 되지 못한 것이 우리의 현실이었습니다. 그래서 열심히 앞만 쳐다보고 공부하고 땀 흘려 일했더니 조금씩, 조금씩 풍성해지게 되었습니다. 먹고 살만한 형편과 현실이 되었습니다. 그런데 문제는 부요해지더니 더 많이 취하고, 더 많이 가지려고 욕심을 내기 시작합니다. 썩은 냄새를 풍기기 시작합니다. 거칠어지기 시작합니다. 삶은 많이 좋아졌는데 이제는 여유를 잃어버렸습니다. 방향을 놓쳐버렸습니다.

그리스도인은 누가 무슨 소리를 해도 여유 없는 세상에 여유를 보여줄 모델이 되어야 합니다. 세상이 욕심과 탐욕으로 인해 한숨 쉴 때 그리스도인은 여유 있게 세상을 향해 웃음 지으며 포용력을 발휘해야 합니다.

목회하면서 감사를 잊지 않으려고, 고요한 시간을 잃어버리지 않으려고, 여유를 놓치지 않으려고 몹시 몸부림쳤습니다. 사람의 기억은 오래가지 못합니다. 어느 순간 '그때 그런 일이 있었지'라는 기억이 가끔씩 떠오르기는 하지만 대체적으로 무심히 자신도 모르는 사이에 많은 기억들을 잊어버리는 것이 보통입니다. 물론 잘 잊어버리는 것도 건강에 유익하다고 하니 할 말은 없으나 그리스도인으로 태어나 그리스도인답게 살려면 놓쳐버리지 말아야 할 것이 있음을 기억했으면 합니다. 감사, 고요, 여유는 모든 그리스도인들이 오래도록 놓쳐버리지 말아야 할 신앙여정의 뼈대들임을 마음 깊이 새겼으면 좋겠습니다.

목사답게

어릴 적 그 언제부터인가 **'세상에서 가장 귀한 일은 하나님의 일을 하는 것이 아닐까?'**라는 생각이 강하게 들었습니다. 그래서 생각하고 또 생각하고, 점검하고 또 점검하면서 수많은 갈등과 다짐을 통해 얻은 결론은 역시 **'하나님의 일이 가장 귀하다'**였습니다. 그렇게 해서 선택한 곳이 신학교였고, 마침내 목사가 되어 지금까지 하나님의 귀한 사역을 감당하게 되었습니다. 목사가 되어 목회를 하면서 어떻게 하는 것이 목사답게 목회하는 것일까를 수도 없이 고민하고 고민하면서 몇 가지를 결심하게 되었습니다.

첫째, "하나님의 은혜를 결코 잊지 않는다."

미천하고 보잘것없는 사람이 하나님의 일꾼이 되었으니 천지가 개벽할 일입니다. 가문의 영광이요 자자손손 복의 통로가 되었으니 수천수만 개의 입이 있다 할지라도 이 감격을 다 표현할 수 없을 것 같습니다. 오직 하나님의 특별하신 은혜임을 믿고 감사할 뿐입니다. 어찌 하나님의 간섭하심과 인도하심과 다스리심의 은혜를 잊을 수 있겠습니까? 실로 넓고 위대하신 하나님의 은혜를 깨달을 뿐입니다.

둘째, "설교로만 말한다."

목사는 말씀을 받들고 섬기며 연구하고 전파해야 할 최우선적인 사명이 있습니다. 설교에 집중하고, 투자하며, 열정을 쏟을 때 목사 됨의 뿌듯함이 있는 것입니다. 하나님 앞에서 하나님의 말씀을 하나님의 백성들에게 하나님의 일꾼인 목사가 선포한다는 한 가지 사실만으로도 너무나 영광스러운 일입니다. 그러므로 삶도, 행동도, 목회도 설교로 보여주고 설교로 말하는 것은 지극히 당연하다 하겠습니다.

셋째, "시간을 낭비하지 않는다."

시간은 엄중합니다. 시간은 시간을 귀하게 쓰는 사람에게는 상상할 수 없을 정도의 선물로 보답하고, 시간을 우습게 여기는 사람에게는 서서히 그리고 조용히 인정사정없이 매서운 결과를 보여주는 무서운 공포의 대상입니다. 주어진 모든 시간이 하나님의 일을 하라고 주신 금싸라기 같은 시간임을 안다면 결코 헛된 것에 시간을 낭비하지 않을 것입니다. 목사에게 시간은 성경을 읽고 연구하고, 기도하고 묵상하고, 영혼 구원을 위해 애쓰고 힘쓰는 시간들로 활용되어야 합니다. '시간을 낭비하지 않겠다'고 하는 것이 목사 됨의 원칙입니다.

넷째, "의(衣), 식(食), 주(住)를 초월한다."

'무슨 옷을 입으며, 무엇을 먹으며, 어떤 집에서 사는 것이 가장 행복할까?'하는 것이 세상 사람들의 진지한 핵심 관심입니다. 여기에 집중하다 보니 부정과 부패가 생기고 온갖 부조리가 거듭거듭 나타나는 혼란스러운 세상이 되어버렸습니다. 성경은 아주 단호하게 말씀합니다.

"너희는 **먼저** 그의 나라와 그의 의를 구하라 그리하면 이 모든 것을 너희에게 더하시리라"(마6:33). 목사가 되는 순간 의(衣), 식(食), 주(住)를 뛰어넘는 삶을 살기로 작정했습니다. 이렇게 믿음으로 사는 것이 부요하게 되는 길이요, 형통하게 되는 길입니다.

다섯째, "읽고, 쓰기를 생활화한다."

읽으면 보입니다. 어쩌면 읽는 만큼 성숙하고 발전하는지도 모릅니다. 보이는 것은 모두 다 읽어야 합니다. 세상도 읽고, 사람도 읽고, 성경도 읽고, 읽고 나면 쓰기 시작합니다. 쓰는 것은 오래 기억되고 오래 남습니다. 인간의 기억은 한계가 있어서 가면 갈수록 희미해지지만 쓰기를 통해 기록된 언어는 가면 갈수록 피가 되고 살이 되어 살아 움직이게 됩니다. 읽고, 쓰기는 비록 고단하고 힘든 일이지만 읽고, 쓰기를 통해 목사 됨의 삶을 재정립할 수 있기에 기꺼이 받아들여야 하는 것입니다.

여섯째, "자연스러움을 추구한다."

억지로가 아닌 물 흐르듯이, 바람 부는 듯이 살아가는 삶을 말합니다. 자신이 관심 갖고 일할 수 있는 분위기와 여건을 말합니다. 사람의 억지와 사람의 권모술수가 아닌 하나님의 입김과 하나님의 뜻이 펼쳐지는 사역을 말합니다. 시간이 걸리고 남이 알아주지 않는다고 해도 믿음의 길이라면, 목회사역이라면 가장 좋은 줄 아는 마음가짐을 말합니다. 자연스러운 만남, 자연스러운 관계, 자연스러운 목회를 추구해야 합니다. 언제나 건강한 목회는 자연스러움이 함께할 때 일어나는 자연스러운 현상입니다.

일곱째, "성령의 기름부음을 항상 기대한다."

하나님의 일은 인간적인 사고와 계산으로는 아무것도 할 수 없는 일입니다. 머리로, 배움으로, 경험으로 할 수 없는 일입니다. 정녕 하나님의 성령의 기름부음이 없이는 감당할 수 없는 일입니다. 인간의 한계를 뛰어넘게 하시는 것이 성령의 기름부음입니다. 번뜩이는 지혜와 힘을 공급해 주시는 것이 성령의 기름부음입니다. 목회는 전적으로 성령의 기름부음이 있어야 가능한 어마어마한 일임을 언제나 실감합니다. 목사는 한순간도 성령의 기름부음을 떠나서는 존재할 수 없는 거룩하게 구별된 일꾼입니다.

돌이켜보면 인간적인 한계와, 지혜롭지 못한 어리석음과, 넓고 크지 못한 용량으로 인해 무엇 하나 제대로 이룬 것이 없는 것 같습니다. 하지만 목사답게 살려고 몸부림치며 살아온 것은 엄연한 사실입니다. 앞으로도 주어진 생명 속에서 '목사답게'를 기억하며 존귀하게 살려 합니다. 목사답게, 그리스도인답게.

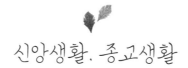

신앙생활, 종교생활

사도행전 29장의 신실한 역사(歷史)를 써 내려가고 있는 그리스도인들이 과연 이 시대에 얼마나 될까를 고민해 봅니다. 필요에 따라 교회에 다니고, 그래서 믿음의 사람이라고 말하고, 별 어려움 없이 교회 공동체 일원으로 활동하고, 세월의 흐름 가운데 생각 없이 직분을 맡아 기계적으로 쓰임 받는 이 시대 그리스도인들이 과연 사도행전 29장의 역사(歷史)를 제대로 감당할 수 있을지 염려해 봅니다.

현대 그리스도인들에게 안타까운 현실이자 분명한 사실은 **신앙생활(하나님이 사람에게 찾아온 사건)의** 고귀함보다는 **종교생활(사람이 하나님을 찾아가는 사건)의** 습관이 교회 속에 너무 깊게 자리 잡고 있어 이제는 무감각한 상태가 되어 버린 슬픈 자화상입니다.

- 신앙생활에는 무관심한데 종교생활에는 관심이 많습니다.
- 신앙생활에는 시간이 아까운데 종교생활에는 시간이 아깝지 않습니다.
- 신앙생활에는 답답한데 종교생활에는 여유가 넘칩니다.
- 신앙생활에는 불만이 많은데 종교생활에는 만족으로 가득합니다.

- 신앙생활에는 어려움을 느끼는데 종교생활에는 불편함이 전혀 없습니다.

차고 넘치도록 풍요로운 시대, 거침없이 소신껏 살아갈 수 있는 시대, 깃털처럼 가볍기가 도를 넘는 시대, 그러면서도 부패하고 썩은 냄새가 진동하는 시대, 복잡하고 불안한 시대, 마음과 마음이 얼음처럼 차디찬 시대에 신앙생활과 종교생활을 어떻게 구분할 수 있을까요?

- 말과 행동을 보면 알 수 있습니다.
- 삶의 모습 속에서 확인이 가능합니다.
- 열매를 통해 정확히 나타납니다.

우리가 그리스도인 되었다면 삶의 방향을 바꾸어야 합니다. 마음이 변화되어야 합니다. 구분할 것은 구분해야 합니다. '적당히'가 아니라 '확실히'가 되어야 합니다. 어제를 사는 것이 아니라 오늘을 살아야 합니다. 종교생활이 아니라 신앙생활로 옮겨가야 합니다.

초대교회 그리스도인들은 그렇게도 귀한 삶을 살았는데 이 시대 현대 그리스도인들에게서는 왜 그런 귀한 신앙생활을 찾아보기 힘들까요?

- 구원의 엄청난 영광스러움을 피부로 실감하지 못하고 있기 때문입니다.
- 살아계신 예수님을 인격적으로 만난 사실이 없기 때문입니다.
- 성령의 기름부음을 경험하지 못했기 때문입니다.

초대교회 그리스도인들처럼 건강하고 힘 있는 신앙생활을 감당하려면 먼저는 하나님의 크신 은혜가 있어야 합니다. 그리고 믿음으로 살겠다는 자기 자신의 굳센 의지가 있어야 합니다. 그렇게 될 때 초대교회 그리스도인들처럼 구원의 엄청난 영광스러움과 살아계신 예수님과의 만남과 성령의 강력한 기름 부으심을 온몸으로 체험하게 될 것입니다.

이 시대 안타까운 현실은 종교인은 많은데 신앙인은 소수라는 것입니다. 가짜는 많은데 진짜를 찾아보기 힘들다는 것입니다. 껍데기는 많은데 알맹이는 희귀하다는 것입니다. 정녕 바라기는 대다수 군중보다 신실한 그리스도의 제자가 많아졌으면 하는 마음이 간절합니다. 힘없는 대다수보다 힘 있는 소수로 그리스도인답게 살았으면 하는 마음이 간절합니다. 그리스도인으로 착각하며 사는 사람들보다 그리스도의 용사로 당당하게 견디며 이겨내는 사람들이 넘쳐났으면 하는 마음 간절합니다.

사도행전 29장은 오늘도 어김없이 계속되고 있습니다. 좋은 흔적을 만들어가고, 믿음의 열매를 남기며, 그리스도인으로 복되고 귀한 삶을 살았다고 하는 기억될 만한 일들이 많았으면 좋겠습니다. 사도행전 29장의 현장 속에서 묻고 싶습니다. 신앙생활을 하고 계십니까, 종교생활을 하고 계십니까?

성공이란?

성공이란 무엇일까요? 무엇을 성공이라고 말하는 것일까요? 성공에 대한 기준은 무엇일까요? 하나님과 사람 앞에서 자기 자신이 만족하고 기뻐할 수 있다면 성공한 것이 아닐까요? 창조적인 걸음걸음으로 새로운 삶을 하나하나 만들어 간다면 그것이 성공적인 삶이 아닐까요? 남들과 비록 다른 길을 간다 할지라도 개척자의 심정으로 묵묵히 자기 갈 길을 걸어간다면 성공적인 길이 아닐까요?

에머슨은 '무엇이 성공인가?'라는 스스로의 물음에 다음과 같이 답했습니다.

> "자주 그리고 많이 웃는 것,
> 현명한 이에게 존경을 받는 것,
> 아이들에게 사랑을 받는 것,
> 정직한 비평가의 찬사를 듣는 것,
> 친구의 배반을 참아내는 것,
> 아름다움을 식별할 줄 아는 것,

다른 사람에게서 최선의 것을 발견하는 것,
건강한 아이를 낳든 한 떼기의 정원을 가꾸든 사회 환경을
개선하든 자기가 태어나기 전보다 세상을 살기 좋은 곳으
로 만들어 놓고 떠나는 것,
자신이 한때 이곳에 살았음으로 해서 단 한 사람의 인생이
라도 행복해지는 것, 이것이 진정한 성공이다."

모두가 다 정신없이 성공만을 향해 달려갈 때 이런 성공도 있다고 외칠 수 있는 담대함과 지혜가 요구되는 시대입니다. 오래 전에 어떤 분이 저에게 목회하는 것 자체가 성공이라고 했을 때 얼마나 흐뭇했는지 모릅니다. 숨 쉴 때마다 느끼는 것이지만 목회성공은 오늘도 계속되고 있고 이 목회성공이 곧 인생성공으로 끊임없이 이어지고 있음을 깨달을 때마다 온몸으로 감격할 뿐입니다.

성공은 따지고 보면 우리 눈앞에 널려 있습니다. 마음만 먹으면 누구나 쟁취할 수 있습니다. 세상의 눈이 아니라 믿음의 눈으로 성공을 깊이 있게 생각할 수 있는 시간들이 많았으면 좋겠습니다. 여러분에게 묻습니다. 무엇이 주 안에서 성공입니까?

타다 만 연탄

    어느덧 낮과 밤의 기온차를 분명하게 느낄 수 있는 계절인 가을이 성큼 다가왔습니다. 그렇게도 무덥기만 했던 지난 여름을 아름다운 추억으로 차곡차곡 남긴 채 또 다른 추억의 계절인 가을을 맞이하게 되었습니다. 평온한 일상 속에서 하늘은 마냥 푸르고, 들녘에 튼실하게 익어가고 있는 곡식들의 모습은 자연의 오묘한 법칙을 마음 깊이 각인시켜 주는 또 다른 감동입니다.

    요즘 아침, 저녁으로 싸늘한 느낌이 들어 며칠 전부터 연탄을 피우게 되었습니다. 연탄을 피울 때마다 느끼는 것은 연탄불을 잘 관리하여 꺼지지 않게 해야 한다는 경각심과, 연탄이 만들어지기까지의 정성과 수고로움을 잊지 말아야 한다는 고마움과, 이왕이면 연탄이 잘 타서 집안을 따뜻하게 채워줬으면 하는 간절함이 서로서로 교차하며 마음을 지나간다는 것입니다. 그 중에서도 가장 어려운 문제는 타다 만 연탄입니다. 연탄을 피우고 연탄재를 처리할 때 보면 어떤 때는 연탄이 잘 타서 깨끗한 재로 버려지는데 어떤 때는 잘 타지 않아 타다 만 연탄재로 버려지는 경우가 종종 있습니다. 타다 만 연탄재는 무겁기도 더 많이 무겁고, 그냥 버리기도 곤란하고, 다시 불을 붙일 수도 없는 곤란한 상황을 만들어버립니다. 연탄으로 만들어졌다면 그래서 소모되어야 할 존재라면 깨끗하게 태워져야 하는 것은 당연한 것입니다. 뜨거움을 전해주고 차가움을 덮어주는 존재로 쓰임 받아야 하는 것은 마땅히 해야 할 책임인 것입니다.

이 가을에 그리스도인으로서 타다 만 연탄처럼 살아가고 있지는 않은지 자신을 살펴볼 일입니다. 교회생활도 조금은 맛보아 알고, 성경에 대해 전혀 모르는 것도 아니고, 믿음이 무엇인지 어느 정도 알고 있으면서도 마음에 감동이 없고, 뜨거움이나 열정도 없고, 진지하지도 않으며, 희생과 헌신은 찾아볼 수도 없고, 영적 감각도 없으며, 열매라고는 거의 없는 사람들이 있음을 보게 됩니다.

타다 만 연탄이 보기 싫듯이 타다 만 듯한 신앙생활은 자신뿐만 아니라 주위와 이웃사람들에게 부담감을 주고, 불편함을 주며, 상처를 주는 그리스도인으로 인식될 수도 있습니다. 그리스도인이라고 해서 어찌 온전하고 완벽할까마는 구원받은 그리스도인으로 이 땅 위에서 살아야 한다면 향기로운 제물로 뜨겁게 불살라져 쓰임 받는 것은 지극히 합당한 삶입니다. 선택된 그리스도인이 확실하다면 타다 만 연탄이 아니라 온전하게 태워지는 그리스도인으로 제때 쓰임 받아야 하지 않겠습니까? 하늘은 푸르고 하염없이 맑은 이 가을에 진지하게 점검하고 진지하게 생각해 보았으면 하는 마음이 간절합니다.

세상에 대한 그리스도인의 반응

그리스도인에게 있어서 절대적인 기준은 진리의 말씀인 성경입니다. 성경이 확실하게 기준이라면 그리스도인은 성경말씀에 죽고 성경말씀으로 살아야 할 사람입니다. 오늘 이 시대는 무한히 발전하고 부유해졌지만 삶의 환경은 상대적으로 빈곤하고 척박한 상황으로 자꾸만 변해가고 있습니다.

이런 혼란한 시대에 어떤 생각과 어떤 자세로 살아야 그리스도인다운 삶을 살았다고 말할 수 있겠습니까? 세상은 무서울 만큼 빠르게 속도를 더해가고 있고, 세상 문화는 세상 구석구석을 야금야금 정복해가고 있는 이때 우리 그리스도인들이 세상에 어떻게 대응하며 사는 것이 올바른 삶이라고 말할 수 있겠습니까?

첫째, 세상 재미를 포기하며 사는 것입니다.

믿음으로 살면 세상에 대해 포기해야 할 것이 너무 많습니다. 그래서 아쉬운 것도 많을 수 있습니다. 하지만 결코 아쉽지도 아깝지도 않다는 것을 알게 됩니다. 믿음으로 살았더니 더 좋은 것, 더 귀한 것, 더 놀라운 것이 너무너무 많다는 것을 알기에 세상 재미를 포기한 것에 대해 후회하지 않습니다. 시간이 지나면 지날수록 믿음 가운데 살아가는 것이 얼마나 귀하고 소중한지 알게 됩니다. 그리고 깨달아집니다. 그래서 감격하고 무한히 감사하게 됩니다.

그리스도인은 믿음으로 사는 것이 얼마나 아름답고 특별한지 알기에 세상의 재미를 아낌없이 포기할 줄 아는 사람입니다. 세상 재미를 포기하면 할수록 하나님의 은혜는 놀랍도록 풍성하다는 사실을 기억해야 합니다.

둘째, 세상에서 재미없게 살 각오를 하는 것입니다.
세상은 최대한 재미있게 살려고 경쟁하는 경쟁 장소인 것 같습니다. 어떤 사람이 가장 재미있고 신나게 사나 시험하는 시험장소인 듯 착각할 정도입니다. 웃고, 즐기고, 방탕하고, 최대한 재미있게 사는 것이 지상사명인 것처럼 정신없이 휩쓸리며 살아가는 것이 현대인들의 모습입니다. 그래서 더욱더 불안하고 염려스럽습니다.

하지만 그리스도인은 세상의 재미보다 어떻게 하면 세상에서 의미 있게 살 것인가, 참되게 살 것인가, 하나님께 영광을 돌리며 살 것인가에 집중하기 때문에 상대적으로 세상 재미에는 관심이 없을 수밖에 없습니다. 그리스도인은 세상 기준으로 보면 세상에서 가장 재미없게 사는 사람입니다. 그럼에도 불구하고 세상에서 가장 존귀한 사람입니다. 소금과 빛 같이 없어서는 안 될 사람입니다.

셋째, 세상 재미에 관심을 두지 않는 것입니다.

그리스도인은 특별하게 선택된 사람입니다. 하나님의 놀라운 은혜로 구원받은 사람입니다. 자자손손 믿음의 유업을 전수하고 전수받을 사람입니다. 이런 사람이 어찌 세상의 것에, 썩어져 한순간에 사라질 것에, 수시로 변해가는 것에 관심을 둘 수 있겠습니까? 보다 영원한 세상, 우리가 감히 상상도 할 수 없는 세상을 꿈꾸고 바라보아야 하지 않겠습니까? 그 황홀한 천국을 소망 삼아야 하지 않겠습니까?

값싼 은혜, 싸구려 은혜에 그리스도인이 취해 있다면 세상 재미에 지대한 관심을 갖겠지만, 값비싼 은혜, 눈물 나는 은혜에 그리스도인이 흠뻑 빠져있다면 세상 재미는 한낱 신기루에 불과하다는 사실을 분명하게 알게 될 것입니다. 그리스도인은 세상 재미에 관심을 두지 않는 사람입니다. 다만 세상에서 믿음으로 귀하게 살아 하나님 앞에서 귀한 상급 받기를 고대하고 갈망하는 사람입니다.

"너희는 이 세대를 본받지 말고 오직 마음을 새롭게함으로 변화를 받아 하나님의 선하시고 기뻐하시고 온전하신 뜻이 무엇인지 분별하도록 하라"(**롬12:2**).

하나님이 찾으시는 한 사람

하나님은 언제나 사람을 찾으십니다. 그것도 많은 사람을 찾으시는 것이 아니라 한 사람을 찾으십니다.

- 찾아오신 성부 하나님 앞에서 사무엘은 이렇게 고백합니다.
  "말씀하옵소서 주의 종이 듣겠나이다"(삼상3:10).
- 찾아오신 성부 하나님 앞에서 이사야는 이렇게 고백합니다.
  "내가 여기 있나이다 나를 보내소서"(사6:8).
- 찾아오신 성자 하나님 앞에서 베드로는 이렇게 고백합니다.
  "주여 나를 떠나소서 나는 죄인이로소이다"(눅5:8).

한 사람의 영향력이 얼마나 큰지 우리는 너무나 잘 알고 있습니다. 대통령 한 사람에 의해 한 나라의 장래가 온전히 맡겨졌다고 해도 틀린 말은 아닙니다. 영적 지도자 한 사람에 의해 한 교회의 부흥과 영적성숙이 요동친다고 해도 지나친 말은 아닙니다. 한 남편과 한 아내에 의해 한 가정의 건강성과 윤택함이 드러난다고 해도 잘못된 말은 아닙니다. 특별히 성경은 한 사람 아담에 의해 모든 인류가 죄인이 되었고, 한 사람 예수 그리스도에 의해 많은 사람이 의인이 될 수 있다고 말합니다. 하나님은 과연 어떤 사람을 찾으실까요?

첫째, 하나님 앞에서 충성스러운 사람을 찾으십니다.

세상에는 똑똑한 사람, 집안 좋은 사람, 재주 많은 사람, 부유한 사람 등이 있고, 또한 다양한 가지가지의 재능과 특기를 가지고 살아가는 사람들도 많이 있습니다. 그렇지만 하나님은 충성스러운 사람을 찾으십니다. 우직하게 하나님만 바라보고, 의지하고, 소망 삼는 충성스러운 일꾼을 찾으십니다.

왜냐하면 하나님을 향한 절대적인 충성이 없이는 신앙의 발전도, 교회의 부흥도, 개인의 영성도 없기 때문입니다. 충성이 있는 곳에 헌신이 있고, 충성이 있는 곳에 귀한 열매가 있고, 충성이 있는 곳에 영적 영감이 있다는 것을 알아야 합니다.

"처녀에 대하여는 내가 주께 받은 계명이 없으되 주의 자비하심을 받아서 **충성스러운 자가 된 내가** 의견을 말하노니"(**고전7:25**).

둘째, 하나님 마음에 맞는 사람을 찾으십니다.

사람은 죄를 범합니다. 사람은 실패합니다. 사람은 쉽게 흔들립니다. 아무리 찾아보아도 하나님의 마음에 맞는 사람을 찾기란 하늘의 별따기와도 같습니다. 인간적인 약점과 인간적인 허약함과 인간적인 실망감이 있는 한 그 어느 누구도 하나님의 마음에 맞는 사람은 없을 것입니다.

　그럼에도 불구하고 하나님의 무궁한 은혜와 성령의 한량없는 기름 부으심이 있다면 보잘것없는 인간성을 가지고 있다 할지라도 쓰임 받게 될 것입니다. 하나님 마음에 맞는 사람이라고 말할 것입니다. 아무 공로가 없음에도 불구하고 하나님의 뜻을 좇아 섬겼다고 칭찬해 주실 것입니다.

　"다윗을 왕으로 세우시고 증언하여 이르시되 내가 이새의 아들 다윗을 만나니 **내 마음에 맞는 사람이라**"(행13:22).

　"**다윗은 당시에 하나님의 뜻을 좇아 섬기다가**"(행13:36).

셋째, 정의를 행하며 진리를 구하는 사람을 찾으십니다.
　의인이 왜 없겠습니까? 찾으면 만날 수 있지 않겠습니까? 어딘가에서 오늘도 묵묵히 하나님의 일을 감당하며 믿음으로 살아가는 사람은 분명히 있습니다. 다만 찾지 못하고 만나지 못하는 안타까움이 있을 뿐입니다.

　하나님 중심, 말씀 중심, 교회 중심, 예배 중심으로 살아가는 사람은 모두 다 정의를 행하며 진리를 구하는 사람입니다. 오늘날의 시대적인 환경과 사회적인 부패성 앞에서 절망하고 가슴 아파하며 하나님께 부르짖는 사람은 모두 다 정의를 행하며 진리를 구하는 사람입니다. 영적으로 깨어있고, 영적 감각이 살아있는 소수의 사람이 아직도 있는 한 희망은 있습니다. 가능성은 있습니다.

"너희는 예루살렘 거리로 빨리 다니며 그 넓은 거리에서 찾아보고 알라 **너희가 만일 정의를 행하며 진리를 구하는 자를 한 사람이라도 찾으면** 내가 이 성읍을 용서하리라"(렘5:1).

열매를 맺기까지

'가을'하면 높고 푸른 하늘, 단풍, 열매, 추수, 풍성함 등이 떠오릅니다. 들녘에는 튼실하게 영근 열매들을 추수하기 바쁘고, 그동안 무던히도 인내하고 수고하고 애쓴 노고를 보상받기라도 하듯 기쁨으로 가득합니다. 묵묵히 자연의 오묘한 시간 속에서 견뎌내고, 이겨내고, 승리한 온갖 열매들이야말로 이 가을의 주인공들입니다. 이 귀한 주인공들을 열매 맺게 하기까지 농부는 얼마나 수고하고 애썼을까요? 무엇으로 이것을 증명할 수 있을까요? 땀과 눈물과 피로 순간순간 마음을 다해 보내지 않았을까요?

- **땀은** 열심히 살고 열심히 일하다 보면 자연스럽게 생기는 수고로움의 대가입니다. 정직하고 성실한 사람에게 나타나는 진심어린 몸부림의 표현입니다. 얼마나 애쓰고 시간을 투자했는지 알 수 있는 기준입니다. 그러므로 땀 흘린 사람은 땀의 가치를 깊이 아는 사람입니다.

- **눈물은** 마음 깊은 곳에서 솟아나는 한 맺힌 응어리입니다. 좋아도 눈물 나고, 슬퍼도 눈물 나는, 땅의 마음과 하늘의 마음을 이해하는 사람

만이 흘릴 수 있는 순결한 결정체입니다. 눈물이 있었기에 가을은 더욱 아름답고 눈부십니다. 눈물 없이는 가을의 기쁨도 없습니다.

- **피는** 생명을 다하고, 생명을 넘나들며, 생명을 불어넣기 위해 몸부림친 살아있는 역사입니다. 피를 흘렸기에 생명이 있고, 열매도 있으며, 보상을 받는 것입니다. 가을의 결실은 피를 흘려가며 애쓴 보람입니다. 그리고 피 흘린 사랑의 결과입니다.

세상사 하나같이 무슨 일이든 땀과 눈물과 피를 요구합니다. 그 대가는 성공, 출세, 유명세, 부귀영화 등으로 나타납니다. 쉽고 편하게 살면 그만큼 얻는 것도 없고, 되는 것도 없지만, 수고하고 애쓰며 보람 있게 살면 그 대가는 실로 엄청나기에 철든 사람은 기꺼이 희생합니다. 투자합니다. 앞을 내다봅니다. 결실의 계절인 이 가을에 믿음의 사람인 그리스도인으로서 얼마만큼 하나님의 영광을 위해 땀과 눈물과 피를 흘렸는지 점검해 보아야 합니다. 영적 싸움을 끊임없이 감당해야 할 그리스도인으로서 땀과 눈물과 피 흘리기를 주저하지 않기를 기대해 봅니다. 대가는 열매로 나타납니다. 가을이 그것을 증명합니다.

4장
———

내일이 기대되는 사람

흐뭇한 말

아무리 실력이 있고 천재적인 소질이 있는 사람이라도 인격이 뒷받침되지 않으면 제대로 쓰임 받지 못합니다. 그만큼 사람의 인격은 중요하고 또 중요합니다. 사람의 인격은 대체적으로 두 가지로 나타납니다. 먼저 행동으로 알 수 있는데 행동하는 것을 보면 인격의 높이와 무게와 깊이를 짐작할 수 있습니다. 인격에서 행동이 나오기 때문입니다. 또 하나는 말을 통해 인격의 성숙을 발견할 수 있습니다. 다듬어지고 절제된 말은 그 사람의 깊이와 무게와 높이를 확인할 수 있는 통로가 됩니다. 말에는 힘이 존재하고 있기에 어떤 말을 하느냐에 따라 삶이 달라집니다. 갈 길이 정해집니다. 이것이 현실이고 인간 역사이기도 합니다. 이런 냉엄한 시대 속에서 살아가는 우리지만 때로는 흐뭇한 말이 존재하기에 함께 생각해 보고자 합니다.

하나, '자연스럽다'는 말입니다.
억지로가 아닌 있는 그대로의 모습을 보고 자연스럽다고 말합니다. 꾸밈이 없이 솔직한 것을 자연스럽다고 말합니다. 부딪히면 돌아가고, 걸리면 비켜가고, 막히면 기다리는 물의 흐름처럼 살아가는 것을 자연스럽다고 말합니다. 자연이 자연스럽게 움직이듯이 사람도 자연스럽게 행동함으로 편안함을 줄 수 있어야 합니다. 특별히 그리스도인은 더욱 더 주 안에서 자연스러운 사람이 되어야 합니다. 두꺼운 외식의 껍데기를 벗어버리고 '**그리스도인은 그 어떤 사람들보다도 자연스러운 사람들이야**' 하는 소리를 들어야 합니다. 자연스럽다는 말에는 희망이 있다는 말입니다. 가능성이 있다는 말입니다.

하나, '필요하다'는 말입니다.

사람은 많은데 쓸 만한 인물이 없다고 야단들입니다. 일할 곳은 많은데 일터에 일할 만한 사람이 없다고 하소연합니다. 맡기고 싶은데 맡길 만한 인물을 찾지 못하겠다고 안타까워합니다. 이것이 현실이고 아픔입니다. 필요한 곳에 필요한 사람으로 쓰임 받는다면 복된 사람입니다. 대단한 사람입니다. 남들로부터 부러움을 살만한 사람입니다. 필요한 사람이 되기까지 얼마나 준비를 많이 했을까요? 얼마나 남모르게 수고하고 애썼을까요? 얼마나 땀 흘리며 인내했을까요? '**이런 사람이야말로 꼭 필요한 사람이야**'라는 말을 들을 때 얼마나 흐뭇했을까요? 그리스도인은 필요한 사람이 되기 위해 언제나 준비하는 사람이 되어야 합니다.

하나, '가능성이 있다'는 말입니다.

조금은 부족합니다. 아직은 미약합니다. 많은 사람들이 볼 때 불안합니다. 어설프기 그지없습니다. 그럼에도 불구하고 가능성이 엿보인다면 우리는 그 가능성을 보고 격려해야 합니다. 힘을 주어야 합니다. 용기를 북돋우어 주어야 합니다. 어리석음에도 불구하고 가능성이 있는 존재로 희망을 발견할 수 있다면, 그래서 가능성을 갖고 위대한 일을 꿈꾸며 도전할 수 있다면, **'가능성이 있다'**는 그 말 한마디는 천금 같은 말이 될 것입니다. 그리스도인은 정녕 가능성이 있는 존재로, 또한 가능성이 있다고 과감하게 말할 수 있는 존재로, 그리고 가능성이 있다는 말을 끊임없이 듣는 존재로 살아야 합니다.

돈으로 살 수 없는 것

　탄생과 죽음 사이에 펼쳐져 있는 각본 없는 인생드라마 속에서 우리 모두는 하나도 예외 없이 수많은 일들을 경험하고, 관계를 맺고, 수고하고, 애쓰며 살아갑니다. 사람이 가지고 있는 계획과 비전이 인생이라는 과정을 거쳐 수정되고 발전되면서 어떤 사람은 성공하고, 어떤 사람은 실패합니다. 기쁨을 맛보기도 하고, 좌절이라는 쓴 맛을 경험합니다. 그런데 이러한 인생 드라마 속에서 결코 돈으로 살 수 없는 것들이 있음을 뼈저리게 느끼게 되었습니다.

첫째, 사람의 마음입니다.
　사람의 마음은 오묘해서 무게가 없습니다. 색깔도 없습니다. 냄새도 없습니다. 그래서 그런지 사람의 마음을 얻는다는 것이 무척 어렵습니다. 여기서는 금방 '예' 했는데, 저기서는 금세 '아니오' 하는 것이 사람의 마음입니다. 수시로 변하고, 종잡을 수 없고, 깃털처럼 가벼운 마음을 무슨 수로 살 수 있겠습니까? 사람의 마음은 살 수 있는 것이 아니라 얻는 것입니다. 그러므로 사람의 마음을 얻는 사람이 무서운 사람입니다. 부러움을 살만한 사람입니다. 그런 사람이 정말 부자입니다.

둘째, 사람의 생명입니다.

바람 지나가는 소리가 바로 시간 지나가는 소리라고 말합니다. 이렇듯 시간이 흘러가기에 생명을 품고, 생명을 낳고, 생명을 기르고, 생명의 소중함을 알아가는가 봅니다. 사람의 생명이 천하보다 귀하기에 생명의 존귀함을 다시금 확인합니다. 그리고 생명이 없는 존재는 공허하고 무의미함을 절감합니다. 생명이 있기에 천하가 아름답고 소중한 것이라 여기면서 사람의 생명을 그 무엇으로 살 수 있을지 다시 한 번 되새기지 않을 수 없습니다. 생명이 있는 곳에 무한한 가능성이 있습니다. 생명에는 값을 매길 수 없습니다.

셋째, 사람의 구원입니다.

구원은 예수 그리스도를 믿음으로 얻는 선물입니다. 피 흘림이 있는 숭고한 선물입니다. 구원은 값싼 선물이 아니라 너무나 값비싼 선물입니다. 안타까운 것은 이 구원을 많은 사람들이 무관심하게 여긴다는 것입니다.

무감각하게 대한다는 것입니다. 믿음으로 구원받으면 영원히 살 수 있는 길이 자연스럽게 열리는데도 말입니다. 본능적으로 영원을 사모하는 마음이 있으면서도 끝끝내 외면합니다. 거부합니다. 그러기에 구원은 처음부터 돈으로 살 수 없는 절대적인 선물입니다. 아무나 받을 수 없는 선택된 선물입니다.

결코 가난할 수 없는 것

"욕심이 잉태한즉 죄를 낳고 죄가 장성한즉 사망을 낳느니라"(약 1:15). 문제는 욕심입니다. 사람 사는 곳에 욕심이 존재하고, 이 욕심에 의해 세상 역사는 끊임없이 험난함을 예고합니다. 일 욕심, 물질 욕심, 인생 욕심 등으로 인해 세상은 더욱더 고통스럽고 어지럽습니다.

사람들은 좌절하고 근심하며 병들어갑니다. 이것이 인간 역사의 도도한 흐름이고 지금도 변함없이 계속되고 있는 현실입니다. 그런데 성경은 욕심 부리지 않아도 살아가는 데 지장이 없다고 말합니다. 넉넉한 삶이 있다고 말합니다. 결코 가난할 수 없다고 말합니다. 그것은 무엇일까요?

첫째, 각종 예배에 참여하는 것입니다.
하나님께 경배하고 찬양하며 영광 돌리는 일을 최우선적으로 하면 가난해질 수 없습니다. 지금 이 시대에도 세상 역사는 생생하게 증거합니다. 하나님을 향한 민족, 하나님을 경외하는 민족, 하나님께 예배드리는 민족을 잘 살게 하고 앞서 가게 하면 했지 못 살고 궁핍하게 하지 않앉음을 보여줍니다. 각종 예배에 무엇보다도 최우선 순위를 두고 살면 복 있는 민족, 복 있는 가정, 복 있는 개인의 삶이 될 것입니다. 시간을 쪼개고 마음을 모아 예배에 참여할 때 하나님의 신령한 복이 임재하고 넘쳐나는 것입니다.

둘째, 온전한 십일조를 드리는 것입니다.

십일조는 엄청난 복의 통로입니다. 왜냐하면 십일조는 하늘 문을 여는 열쇠이기 때문입니다(말3:10). 그리스도인은 누구나 다 십일조를 드려야 합니다. 십일조는 그리스도인으로서 믿음의 표현이 되어야 합니다. 십일조는 자기 성의껏 하는 것이 아닙니다. 온전하게 드리는 것입니다. 선택적인 것이 아니라 필수적인 것입니다.

십일조는 하나님께 10분의 1을 구별하여 드리는 것으로 몸과 마음을 다해 모든 재물이 하나님의 것임을 인정하는 신앙고백이자 신앙행위입니다(레27:30, 신8:17~18, 마23:23). 십일조는 창세기 아브라함 시대에 시작하여 말라기 시대까지 계속 이어졌고, 신약시대에도 폐지되지 않았으며 현대에 이르기까지 계속적으로 이어지면서 강조된 역사를 갖고 있습니다. 십일조를 온전하게 드리는 사람은 결코 가난해지지 않습니다.

셋째, 성경을 읽는 것입니다.

책을 많이 읽는 사람 가운데 가난한 사람은 없습니다. 책을 읽기 위해 시간을 투자하고 물질을 투자하며 마음을 투자하는 사람 중에 가난한 사람은 결코 없습니다. 책을 읽다보면 지식이 쌓이고 쌓여 지혜가 되고 그 지혜가 삶을 넉넉하게 만들어주기 때문입니다. 지식의 축적이 어느 순간 지혜로 바뀔 때 세상도 변하고 나도 변하기 때문입니다. 변하면 그 대가는 반드시 어떤 지위와 재물의 복으로 다가오기 마련입니다.

  그 중에서도 특별히 성경을 읽으면 세상이 다르게 보이고 삶이 달라집니다. 평범한 사람이 어느 한순간 전혀 다른 존재로 만들어집니다. 깊이 있게, 진지하게, 성의껏 읽으면 보이지 않던 세계가 보입니다. 그리고 자연스럽게 부유해집니다. 지금까지 성경을 많이 읽어서 가난하게 되었다는 사람은 만나보지 못했습니다.

정말 하나님이 원하시는 것

이스라엘 백성들을 왜 선민으로 선택하시고 세상 역사의 중심에 서게 하셨을까요? 더불어 우리를 이 시대의 그리스도인으로 뽑으시고 구원하신 깊은 뜻은 무엇일까요? 전율을 느끼게 하는 영적 세계에 나를 동참케 하신 하나님의 진정한 의도는 어디에 있을까요? 하나님께서 개개인에게 정말 원하시는 것은 무엇일까요?

첫째, 하나님 말씀에 순종하기를 원하십니다.

하나님 말씀은 넘쳐나는데 순종에 관심을 기울이는 사람은 적습니다. 순종하겠다고 다짐하는 사람은 잘 보이지 않으니 어찌된 일인지 모르겠습니다. 순종하면 그만큼 큰 은혜와 복이 임할 텐데 사사 시대처럼 자기 팔 흔들기 바쁘니 어지간히도 잘못 가고 있지 않나 심히 걱정스럽습니다. 하나님의 말씀이 그 어떤 말씀보다 살아 숨 쉬는 위대한 생명의 말씀이라면 이 말씀에 정신 바짝 차려 귀를 기울여야 하고 또한 관심을 집중해야 합니다.

하나님의 말씀에 길이 있고 풍성함이 있으며 은혜가 있고 한없는 복이 있음을 명심하고 또 명심해야 하지 않겠습니까? 하나님의 말씀에 순종하면 아낌없는 복이 있지만 불순종하면 저주밖에 없습니다(신 28:1~19). 순간순간마다 진심 어린 마음으로 깨닫고 경각심을 가져야 합니다.

둘째, 죄짓지 않기를 원하십니다.

육신을 갖고 살아가는 한 이 세상 속에서 흠 없이 완벽하게 살아갈 수 없는 것이 현실입니다. 깨끗하게 살기가 너무 힘든 시대입니다. 환한 대낮에도 코를 베어 가고 마음을 빼앗아 가는 아찔한 시대입니다. 이 시대를 본받지 말라고(롬12:2) 힘주어 외쳐도 시대의 거대한 흐름에 파묻혀 힘없는 모습으로 살아가는 사람들이 대부분인 시대입니다.

그럼에도 불구하고 우리 하나님은 우리가 죄짓지 않기를 간절히 원하십니다. 온갖 종류의 죄악 된 모습들이 날고뛰는 이 세상에서 거듭난 사람으로 살기를 원하십니다. 마음을 새롭게 하고 변화를 받아(롬12:2) 성령 충만함으로 산다면 죄를 멀리하고 더욱더 죄를 멀리할 수 있지 않겠습니까?

셋째, 하나님 나라(천국)에 들어가기를 원하십니다.

영원한 생명이 보장되고 영원한 안식이 허락된 곳이 바로 천국이라면 그리스도인들은 구원받은 사람으로서 마땅히 이곳에 들어가야 합니다. 생명책에 이름이 기록되었다면 당연히 감격의 날을 기대해도 좋을 것입니다. 이 땅에서 믿음으로 구원받은 것도 한없이 귀하고 귀한 일인데 더 나아가 영원히 살 수 있는 곳이 예비되어 있다는 사실이 우리를 가슴 벅차게 합니다. 그리고 눈물짓게 합니다. 은혜로 구원받고 은혜로 하나님 나라에 들어간다면 이것보다 더 감동스러운 생애는 없을 것입니다.

앞으로도 계속적으로 주어진 시간을 잘 감당하고 아낌없이 하나님께 영광 돌려 빛나는 천국백성이 되었으면 좋겠습니다. 영원한 생명과 영원한 안식이 보장된 하나님 나라에 들어가기를 하나님은 원하십니다.

처음보다 끝이 불행했던 사람들

    지금까지 '것' 시리즈로 고심 어린 마음을 표현해 보았습니다. **"돈으로 살 수 없는 것, 결코 가난할 수 없는 것, 정말 하나님이 원하시는 것"**이라는 제목이었습니다. 바라기는 이 글들이 신앙생활에 도전이 되고 유익이 되었으면 하는 마음 간절합니다.

    그런데 걱정스러운 문제는 처음 시작할 때는 무엇이든지 잘 하고, 잘 감당하고, 잘 알아듣는데 시간이 지나면 지날수록 정반대의 삶을 사는 경우가 허다하다는 것입니다. 경각심을 가져야 하고 정신 바짝 차려야 할 심각한 문제로 받아들였으면 합니다. 성경에 등장하는 인물들을 통해 실례를 들어보겠습니다.

첫째, 가인입니다(창4:1~15).

    아벨과 가인은 형제였습니다. 그런데 가인이 동생인 아벨을 살해하는 참극을 빚었습니다. 오순도순 사랑하며 살아도 부족하건만 시기와 질투가 낳은 비극으로 가인은 인생 끝이 불안하고 두려움에 떠는 삶이 되고 말았습니다.

둘째, 기드온입니다(삿8:24~31).

기드온은 하나님께 소명을 받은 사람으로, 정복자로, 통치자로, 귀하게 쓰임 받습니다. 그러나 말년에는 탐욕으로 가득했고, 우상숭배의 빌미를 제공했으며, 또한 아내와 첩을 많이 둠으로 아주 나쁜 흔적을 남기고 맙니다.

셋째, 사울입니다(삼상31:1~13).

이스라엘의 초대 왕 사울은 왕이 되었을 때 40세로 남다른 재주와 뛰어난 풍채로 많은 사람들에게 선망의 대상이 되었습니다. 하지만 왕으로서 실수와 범죄를 저지르고 옳지 못한 일들을 함으로 결국 비참한 최후를 맞이합니다.

넷째, 솔로몬입니다(왕상11:1~13).

아버지 다윗 왕으로부터 견고한 나라를 이어받은 솔로몬은 하나님 앞에서 지혜를 구함으로 현명한 왕으로 귀하게 쓰임 받습니다. 그럼에도 불구하고 노년으로 갈수록 하나님을 신뢰하지 않고 불신앙으로 일관하며 우상숭배하는 어리석은 행동을 하게 됩니다.

다섯째, 웃시야입니다(대하26:16~23).

웃시야 왕이 다스리던 통치 초기에는 하나님 앞에서 순종함으로 나라가 번영하는 특권을 누립니다만 통치 후기로 갈수록 교만해져 악을 행하고 범죄 하는 형편없는 왕이 되고 맙니다. 결국에는 하나님의 징계로 문둥병에 걸리고 문둥병으로 죽습니다.

여섯째, 가룟 유다입니다(마27:3~5).

예수님의 열두제자 중에서 사리분별이 분명했던 사람이었습니다. 열망과 열정이 있었던 사람이었습니다. 하지만 결국에는 예수님을 배반하고 예수님을 팔아넘기는 데 앞잡이 노릇을 하면서 치명적인 실수를 저지릅니다. 그리고 스스로 목숨을 끊습니다.

일곱째, 데마입니다(딤후4:10).

사도바울의 동역자로 한때나마 쓰임 받았던 사람입니다. 믿음을 갖고 복음전파에 일부분을 감당하면서 복음의 위대함과 능력을 경험했던 사람입니다. 하지만 사도바울이 어려운 곤경에 처하자 환난과 핍박과 고통이 두려워 한순간에 믿음을 버리고 세상을 향해 떠나버립니다. 그리고 하나님도 함께 잊어버립니다.

믿음의 삶이 처음보다 가면 갈수록 끝이 아름답고 좋아졌으면 좋겠습니다.

- 신앙생활을 하면 할수록 복 받아야 합니다.
- 신앙의 연륜이 더해지면 더해질수록 성숙해야 합니다.
- 신앙 안에서 잘되면 잘될수록 겸손해야 합니다.

삶의 종류

수많은 사람 속에서 자신이 해야 할 일이 무엇인지 모르는 채 헤매며 상처받고, 포기하고, 변명하며 살아가는 부정적인 사람들이 있습니다. 다양한 사람들 가운데서 수많은 문제와 부딪히지만 끝까지 삶의 끈을 놓치지 않는 긍정적인 사람들이 있습니다. 사람다운 사람, 사회에 덕이 되는 사람, 하나님이 원하시는 사람으로 치열하게 믿음으로 복된 삶을 추구하는 하나님의 사람들이 있습니다. 이러한 색깔 있는 삶들을 좀 더 구체적으로 표현하면 이렇습니다.

첫째, 본능적인 삶입니다.

자신에게 필요한 만큼만 일하고, 필요한 만큼만 애쓰고, 필요한 만큼만 추구하는 삶을 말합니다. 지극히 편하고 낭만적인 것 같지만 그 어디에도 쓰임 받지 못하는 삶을 말합니다. 발전도 없고, 열매도 없으며, 내일도 없는 삶이기에 무의미한 삶, 무책임한 삶, 무감각한 삶으로 이어지는 악순환이 동반됩니다. 그리고 자신뿐만 아니라 여러 사람들에게도 어려움과 고통을 안겨줍니다. 자신은 편할지 모르나 주위 사람들은 불편하기 그지없습니다. 세상에 이런 짐승 같은 인생을 살아가는 사람들이 있어 안타깝습니다.

둘째, 종의 삶입니다.

시키는 만큼만 움직이는 삶을 말합니다. 스스로 행동하고, 스스로 만들어가겠다는 의지가 전혀 없습니다. 하늘을 쳐다보지 못합니다. 계속 땅만 바라봅니다. 현실적으로 답답한 생활이지만 불편함을 전혀 느끼지 못합니다. 종의 삶은 적당한 삶이라고 해도 과언이 아닙니다. 적당한 삶이 지속되면 세월의 흐름 가운데 생각도 굳어지고, 행동도 굳어지게 되어 있습니다. 결국 후회와 한숨만이 남고. 뼈아픈 고통이 한순간에 밀려올지도 모릅니다. 종의 삶은 현재는 편안하고 좋을지 모르나 내일에 대한 기대감이 없는 삶이기에 몹시 불편한 삶인 것만은 분명합니다.

셋째, 주인의 삶입니다.

인생의 파란만장한 무대에서 주인공으로 살아가는 삶을 말합니다. 그러므로 내용 있는 삶을 살아갑니다. 확신 있는 삶을 추구합니다. 현재에 성실합니다. 어떤 환경에 처해 있든지 주인의 삶에 익숙합니다. 주인의 삶을 살기에 무엇이 정말 귀한지 너무 잘 압니다. 순간순간은 힘들지만 순간순간을 이길 줄 아는 지혜를 발휘합니다. 현재를 이끌고, 지금을 감당하며, 오늘을 사랑하는 삶이기에 주인의 삶은 소수에게 주어진 특별한 삶입니다. 영감 있는 삶입니다. 내가 먼저의 삶입니다. 우리에게 필요한 사람은 주인의식을 갖고 알뜰살뜰하게 살아가는 믿음의 사람입니다.

새해 각오

매년마다 새해를 맞이하면 사람들은 다짐하고 결심합니다. 앞으로 다가올 시간들을 향해 기준을 세워가며 의미를 부여합니다. 한 해를 어떻게 살아야 할지 진지하게 고민도 하고 기대를 걸어보기도 합니다.

새해를 맞이하면서 특별한 단어들에 관심을 가져 보았습니다. 좀 더 잘 하자는 의미와 함께 좀 더 뜻있게 살자는 소망과 더불어 좀 더 내용 있는 시간 시간을 살아내야 한다는 굳센 마음의 표현이기도 합니다.

첫째, "변화" – 변화를 주도합시다.
먼저 '변화'라는 단어에 주목했습니다. 좋은 쪽으로의 변화, 가능성으로의 변화, 몸부림으로의 변화 등은 자기 자신에게 유익을 가져다줍니다. 긍정적인 힘이 있습니다. 사실 변화하겠다는 굳은 의지가 없다면 사람은 변화되기가 몹시 어려운 존재입니다. 변화한다는 것은 그만큼 어렵고, 힘이 들고, 고통스러운 것입니다. 그런데 정말 뜻있게 살려면 변화되어야 합니다. 하나님의 사람으로 살려면 변화의 모습이 필요합니다.

변화하기를 거부하면 할수록 그만큼 어려워집니다. 답답해지고 혼란스러워집니다. 변화는 바꾸는 것을 말합니다. 변화는 다르게 보는 것을 말합니다. 변화는 삶의 내용을 말합니다. 새해에는 변화를 주고, 변화를 주도하는 변화의 주인공이 되어 신선한 영적 바람을 불어넣는 일꾼으로 쓰임 받았으면 좋겠습니다.

둘째, "도전" – 도전해 봅시다.

신앙생활은 도전의 연속입니다. 말씀을 들어도 도전이 되고, 기도를 해도 도전이 되며, 찬양을 해도 도전이 되고, 헌신을 해도 도전이 되는 일들이 허다합니다. 도전이 있기에 성취가 있고, 도전이 있기에 기회도 주어지는 것입니다. 도전이 없으면 흔적이 없습니다. 감동도 없습니다. 도전하면 흔적이 생기고 감동이 생겨 결국에는 이 모든 것이 쌓이고 쌓여 경륜이 되고 살아있는 역사가 되는 것이 아니겠습니까?

도전이라는 단어를 접할 때마다 대단한 것을 생각하고, 엄청나게 크고 화려한 것에 집착하는 느낌을 갖게 합니다만 조금만 더 여유를 갖고 돌이켜보면 우리가 걸어가는 걸음걸음이, 우리가 행동하는 행동 행동이 모두 다 도전이 된다는 사실입니다. 작은 일에서부터 한 걸음씩 한 걸음씩 새롭게 도전합시다. 주어진 여건과 환경 속에서 도전하여 흔적과 감동을 남깁시다.

셋째, "믿음" – 믿음으로 나아갑시다.

수많은 시간이 흘러간다 할지라도 믿음이라는 단어를 가볍게 여긴다면 그것은 큰 불행입니다. 믿음 없는 세상, 믿음 없는 가정, 믿음 없는 교회, 믿음 없는 그리스도인은 상상할 수 없습니다. 믿음이 있기에 구원받았고, 믿음이 있기에 하나님께 예배하며, 믿음이 있기에 천국백성이 되었음을 확신합니다.

언제 어느 때나 믿음이 나를 살리고, 움직이게 하고, 가슴 벅차게 한다는 것을 잊지 말아야 합니다. 믿음이 있는 곳에 아름다운 일이 만들어지고, 믿음이 있는 곳에 건강한 관계가 형성되며, 믿음이 있는 곳에 기적의 역사가 일어난다는 것을 너무 잘 알고 있는 우리 아닙니까? 담대한 믿음, 경건한 믿음, 성숙한 믿음이 삶에 가득한 새해가 되기를 열망해 봅니다. 새해에도 믿음으로 생활하고, 믿음으로 감당하며, 믿음으로 이겨내는 뜻깊은 한 해가 되기를 소원합니다.

그리스도인 됨에 대하여

'그리스도인'이라고 공식적으로 선언되었던 최초의 장소가 안디옥이었습니다(행11:26). '그리스도인'이란 '그리스도를 따르는 사람'이라는 뜻으로 이방인들이 만든 용어인 것을 볼 때 초대교회 그리스도인들이 얼마나 열심히 예수 그리스도를 닮은 삶을 살려고 애썼는지 충분히 짐작하고도 남음이 있습니다. 세월이 빠르게 흘러 21세기를 살아가는 오늘날 우리 그리스도인들은 그리스도인으로서 그리스도인 됨에 대하여 얼마나 묵상하고 있는지 궁금해집니다. 새해를 맞이하여 진지하게 생각해 볼 수 있는 귀한 기회가 되었으면 좋겠습니다.

첫째, 나의 주인은 누구인가?

삶을 살다보면 때로는 욕망이 주인이 되기도 합니다. 물질이 주인이 되기도 합니다. 성공이 주인이 되기도 합니다. 수없이 많은 문제와 일들이 주인이 되기도 합니다. 그런데 과연 이런 것들이 나의 주인이 될 수 있을까요? 이 세상에 그 어떤 것도 그냥 생겨나고 어쩌다 만들어진 것은 하나도 없습니다. 주인에 의해 주인의 의도에 맞게 만들어지고 사용됩니다. 우리가 이 시대에 그리스도인이 되었다면 우리의 주인은 하나님이 되어야 마땅합니다. 우리 그리스도인들은 하나님의 작품으로 탄생된 위대한 걸작입니다. 그러므로 하나님이 나의 주인임을 알고 고백하는 그리스도인은 놀라운 능력과 한없는 은혜를 맛보게 될 것입니다.

둘째, 나의 삶의 목적은 무엇인가?

목적 없는 삶은 불행합니다. 위태롭습니다. 안타깝습니다. 무의미한 삶을 살다 무의미하게 삶을 마감하는 대부분의 사람들은 삶의 목적이 희미한 경우가 허다합니다. 그래서 맹목적인 삶을 살다 허망한 삶으로 끝나버립니다. 그리스도인이 되었다는 것은 분명한 목적이 있다는 것을 알려주는 청신호입니다.

그리스도인의 삶의 목적은 오직 하나님을 기쁘시게 하는 것입니다. 하나님을 기쁘시게 하기 위해 하나님께 예배를 드립니다. 하나님의 일에 동참합니다. 하나님의 말씀에 순종합니다. 하나님을 기쁘시게 하는 일이라면 앞뒤 가리지 않습니다. 흔들리지 않습니다. 방황하지 않습니다. 그리스도인이 되기 전에 어떤 삶의 목적을 가지고 살았든지 간에 그리스도인이 되었다면 삶의 목적은 분명해야 합니다. 하나님을 기쁘시게 하는 것임을 확고하게 해야 합니다.

셋째, 나의 미래는 어떻게 될 것인가?

모든 사람들이 하나같이 미래에 어떤 일이 일어날지 몹시 궁금해합니다. 하지만 미래는 오늘 내가 어떻게 살았느냐에 따라 확실하게 달라집니다. 특별히 죽음 이후의 세계도 마찬가지입니다. 악하게 살았으면 두렵고 떨리는 긴장감을 피할 길이 없을 것이지만 선하게 살았다면 평안과 안전이 기다리고 있을 것입니다. 구원받은 그리스도인으로 살았다면 천국에서 영원한 생명을 누리게 될 것입니다. 하지만 구원받지 못했다면 지옥에서 엄청난 고통을 맛보게 될 것이라고 성경은 말씀합니다.

우리 그리스도인들의 미래는 희망적입니다. 왜냐하면 그리스도인 됨으로 영원한 생명을 보장받았으니 이보다 더 놀라운 선물은 없습니다. 그리스도인의 미래는 걱정할 것이 없습니다.

영성과 지성

　사람이라고 다 사람으로 부르기에는 한참이나 불편한 사람들이 너무 많습니다. 그것을 차츰차츰 알아가는 요즘입니다. 나름대로 올바른 기준을 갖고 있다고 해도 이 기준이 언제 어떻게 변할지 모르는 변화무쌍한 세상이기에 더욱더 하나님이 주시는 영성과 지성이 요구되는 시대인 것만은 분명한 것 같습니다. 어떻게 보면 영성과 지성은 그리스도인의 삶에 반드시 필요한 나침반 같습니다. 이 세상에 나침반이 없다면 방향감각을 잃어 몹시 헤매게 될 것입니다. 가야 할 목적지를 찾지 못해 무척 곤란을 겪을 것입니다. 판단기준을 잃어버려 당황스러울 것입니다. 마찬가지로 그리스도인에게 있어 나침반 같은 영성과 지성이 없다면 어둡고 답답한 삶을 살 수밖에 없습니다. 한심하고 어리석은 삶을 살 수밖에 없습니다. 무지하고 강퍅한 삶을 살 수밖에 없습니다.

　영성을 하나님이 주시는 고귀한 영감이라면 지성은 삶을 통해 힘쓰고 애써서 터득하는 앎이 아니겠습니까? 그러므로 그리스도인에게는 영성과 지성이 동시에 필요합니다. 쉬운 일이 아닌 것만은 분명하지만 귀를 열고, 마음을 열고, 생각을 열어 영성과 지성을 추구해야 합니다.

그렇게 할 때 정말 발전이 있고 성숙이 있으며 귀한 열매를 맛보게 될 것입니다. 또한 믿음이 더욱더 충만해질 것이고, 삶은 풍요로움으로 빛날 것이며, 건전한 균형감각을 굳세게 유지할 수 있을 것입니다. 만약 지성만 있다면 그 사람은 뛰어난 인물은 될지 모르지만 삶은 메말라 갈 수 있습니다. 하지만 영성과 지성이 동시에 있다면 그 사람은 어디서든지 귀한 인물로 복된 흔적들을 길이길이 남기게 될 것입니다.

역대하 1장 7절~13절에 보면 하나님이 솔로몬에게 나타나 소원하는 바를 구하라고 말씀하십니다. 이때 솔로몬이 어떤 부귀영화도 원하지 않고 오로지 지혜와 지식만을 구하는 장면이 등장합니다. 이에 하나님은 지혜와 지식을 함께 주시면서 동시에 부와 재물과 영광도 함께 주십니다. 솔로몬이 모든 것을 거두절미하고 지혜와 지식을 구했더니 상상할 수 없을 정도의 귀한 선물을 더불어 받았다면 우리 그리스도인들도 지혜와 지식 구하기를 쉬지 않아야 합니다. 지혜와 지식은 영성과 지성의 또 다른 표현입니다.

균형감각을 잃지 않으면서 건전한 사고와 건강한 삶과 알찬 신앙생활을 지속하려면 영성과 지성은 언제나 우리와 함께해야 합니다. 영성과 지성으로 믿음이 충만해지고 삶이 확장되며 걸음걸음이 견고해진다면 얼마나 좋을까를 생각해 봅니다. 하나님께 끊임없이 영성과 지성을 구해 후회 없는 삶과 믿음을 발휘해야 하지 않겠습니까? 언젠가, 그 언젠가 하나님 앞에 서야 할 때가 있음을 분명하게 기억하면서.

신앙예절

한 영혼을 구원하기가 얼마나 어려운지 온몸으로 실감하는 경우가 참으로 많아지고 있습니다. 그럼에도 불구하고 수많은 그리스도인들이 아름답게 신앙생활을 잘 감당하는 것을 보면 볼수록 존경심이 생기면서 한편으로는 이런 마음을 가져 봅니다.

- 무엇이 저들을 그리스도인이 되게 했을까?
- 그리스도인이 되게 하기까지 얼마나 많은 이름 모를 사람들의 수고 와 땀과 눈물이 있었을까?
- 누군가의 애타는 마음, 뜨거운 관심, 진솔한 모습이 있었기에 구원받 지 않았을까?
- 구원받을 수밖에 없는 그 무엇이 있었던 것은 아닐까?
- 하나님의 전폭적인 은혜가 있었기에 가능하지 않았을까?

여러 가지 생각을 이모저모로 해보지만 역시 하나님의 뜻 가운데서 구원받았다는 것은 분명하다 하겠습니다. 이토록 귀하게, 복되게 그리스도인이 되었다는 것을 깨달으면 깨달을수록 얼마나 감격스럽고 감사한지 형용하기 어려울 정도입니다. 하지만 이제 우리는 구원받은 것에 그치지 않고 흐르는 세월과 함께 좀 더 성숙된 그리스도인이 되기 위해 거룩한 고민을 하면서 신앙생활을 감당해야 합니다. 그리스도인으로서 어떻게 신앙생활을 감당할 것인가에 대해 진지하게 질문해야 합니다. 그러므로 시대적으로 한 번쯤 짚어보는 것도 유익하리라 여겨집니다. '어떻게 신앙생활을 감당할 것인가'에 대한 첫 걸음은 신앙예절입니다. 신앙예절은 많은 목회자들의 고민이기도 하고, 우리 모두의 고민이기도 합니다. 현실적으로 선명하게 보이는 것이기에 서로서로 조심하고 또 조심해야 할 부분이기도 합니다. 일부분이지만 신앙예절에 벗어난 행동의 유형을 소개하면 다음과 같습니다.

- 교회 안에서와 교회 밖에서의 생활이 일치하지 않는 것.
- 믿음으로 살면서도 항상 불평스런 표정을 짓는 것.
- 종교인으로 만족하겠다는 듯이 매사에 무감각한 것.
- 흥미 위주로, 재미 위주로 신앙생활하는 것.
- 상대방을 배려하지 않고 자기 입장에서만 말하는 것.
- 예배시간에 졸거나 휴대전화를 만지작거리는 것.
- 예배에 늦게 오고 축도하기 전에 나가는 것.
- 예배시간 내내 화난 표정으로 앉아있는 것.
- 말씀에 관심 없고 무뚝뚝하게 두리번거리기만 하는 것.
- 직분만 강조했지 그것에 걸맞은 역할에는 인색한 것.
- 말, 걸음, 태도 등에서 교만이 넘쳐나는 것.
- '하나님 앞에서' 두려움이 전혀 없는 것처럼 행동하는 것.

사회 공동체 속에서도 예절은 소중하게 여겨집니다. 잘 지켜지지 않으면 무시당하고, 따돌림당하고 웃음거리가 되는데 하물며 교회 공동체 속에서 구원받은 그리스도인으로 살아가는 우리라면 얼마나 신앙예절에 관심을 가져야 하는지 분명해지는 것입니다. 신앙예절은 그리스도인으로서 마땅히 감당해야 할 몫이면서도 한편으로는 하나님을 향한 마음자세, 삶의 태도, 믿음의 표현이 아니겠는가 하는 생각을 갖게 합니다. 신앙예절은 사람을 향한 예절인 동시에 하나님을 향한 예절입니다.

백지 한 장 차이

우리는 흔히 '백지 한 장 차이'라는 말을 쉽게 합니다. 대체적으로 '별 거 아니다', '별 문제가 없다', '신경 쓰지 말아라' 등의 의미로 쓰이는 글 귀이기에 가볍게 여기기도 합니다. 그런데 이 말의 뜻이 시간의 흐름 속에서, 사람과의 만남 속에서, 공동체의 관계 속에서 너무나 색다르게, 그리고 크게 느껴지기 시작했습니다. 별거 아닌 차이가 결코 별거 아닌 차이가 아니라 결국에는 엄청나게 큰 차이로 벌어진다는 것을 알게 되었습니다. 사소하게 여겼던 차이가 결과적으로 무시할 수 없는 결과로 나타나더라는 것입니다.

'백지 한 장 차이'라는 말은 측량할 수 없고 무게를 잴 수 없는 미미한 흔적 같지만 무서운 저력과 지혜를 집약하고 있는 삶의 축소판 같습니다. 생각, 관점, 추구, 바라봄, 관계 등은 삶에 있어 '백지 한 장 차이'로 시작하고 끝을 맺지만 결과나 열매는 '백지 한 장 차이'를 훨씬 뛰어넘는 흔적을 남긴다는 것입니다.

- 삶과 죽음은 그렇게 큰 차이가 있는 것이 아닙니다. 눈 뜨면 삶이고

눈 감으면 죽음입니다. 눈뜸과 눈 감음의 차이입니다. 하지만 결과는 엄청나게 달라집니다.

- 성공과 실패는 마음먹기에 달린 것 같습니다. 성공이라고 여기면 성공이요, 실패라고 여기면 실패입니다. 단지 무엇에 대한 성공이고 실패인지에 따라 행동이 달라집니다.
- 겸손과 교만은 손바닥 앞면과 뒷면 같은 것입니다. 어떻게 보면 상황에 따라 변하는 것이라 꼭 집어서 말하기는 어렵습니다. 그러나 시간이 지나면 지날수록 확연히 드러나는 걸음걸음의 판단 기준이 됩니다.

- 감사와 불평은 언제나 가까이에 있습니다. 너무나 가까이 함께하기에 예민하게 느끼지 못할 때가 많습니다. 하지만 알게 모르게 우리의 삶을 지배합니다. 결국 양약과 독약이 되어 돌아옵니다.
- 성실함과 게으름은 수고와 노력 혹은 포기와 낭비의 또 다른 얼굴입니다. 생각에 따라 달라지는 다정한 친구입니다. 그럼에도 불구하고 시간 속에서 웃음과 피눈물을 짓게 하는 엄격함으로 살아 움직입니다.

- 예와 아니오는 듣는 사람에 따라 어감은 다를지 모르지만 결국 하나입니다. 시작이 끝이 되고, 끝이 시작이 되기 때문입니다. 그러나 예와 아니오에 의해 천국과 지옥을 선택해야 될 날이 올지 모릅니다.
- 신앙과 불신앙은 한 몸 같은 존재입니다. 한 울타리에 있는 이웃과 같습니다. 그럼에도 불구하고 다가가고 싶지만 너무나 멀리 있는 당신입니다. 언제나 기다려주고, 나의 편이 되어줄 것 같지만 유유히 흐르는 세월 같습니다. 결과는 상상을 초월하는 무서운 심판입니다.

금 중에서도 최고로 중요한 금은 '지금' 이라는 말이 있습니다. 이 순간, 이제, 이 시간이라는 엄중함을 강조하는 표현이지만 '지금'이 없으면 '내일'도 없고 '미래'도 없다는 또 다른 도전의 의미로 와닿습니다. '지금' 이라는 고귀한 금을 잘 쓰고 잘 감당하는 지혜가 필요한 시점입니다. '백지 한 장 차이'는 '지금'을 어떻게 바라보고 활용하느냐에 대한 또 다른 시각과 마음가짐입니다.

내일이 기대되는 사람

세상에는 너무나 다양한 사람들이 너무나 다양한 색깔을 뿜내며 너무나 다양한 삶을 살아갑니다. 마치 일곱 색깔 무지개처럼 아름다운 조화를 창조해 위대한 흔적을 남기는가 하면 때로는 타다 만 연탄처럼 얼룩진 상처를 만들어 인류 역사에 큰 오점을 남기기도 합니다. '사람 위에 사람 없고, 사람 밑에 사람 없다'는 말을 실감하면서도 사람됨에 대해서만큼은 여전히 고민할 수밖에 없는 현실을 직면하게 됩니다. 많은 사람들을 만나보면서 내일이 기대되는 사람을 유심히 관찰하는 가운데 그들을 향해 다음과 같은 질문들을 던져 보았습니다.

첫째, 변화를 추구하는가?

사람이 동물과 다른 점이 있다면 깊이 생각하는 존재라는 것입니다. 생각이 모이고 모여 지식으로 이어지고, 지식이 모이고 모여 인류의 문명 발전으로 이어지면서 끊임없이 변화에 변화를 주도했다는 것입니다. 각 사람의 다양한 깊은 생각들이 인류 모두에게 크나큰 영향력을 끼쳤음은 분명합니다. 누구든지 깊이 생각한다면 자연스럽게 변하게 되어 있습니다. 변화를 추구하는 사람, 변화에 관심을 갖고 변화하기를 추구하는 사람, 변화의 힘을 이해하고 변화하기를 과감하게 추구하는 사람이야말로 내일이 기대되는 사람임이 분명합니다.

둘째, 태도가 분명한가?

지구촌에는 우유부단한 사람, 기준이 없는 사람, 대충대충 사는 사람들도 많지만 태도가 분명하고 확실한 사람들도 많이 있습니다. 자신이 하고 있는 일에 긍정적인 사람, 열린 미래를 향해 땀 흘리는 사람, 누구에게나 공감을 얻어내는 사람, 가슴 따뜻한 사람, 신중하면서도 여유 있는 사람 등입니다. 이들의 장점은 태도가 분명하다는 것입니다. 바른 태도, 균형 잡힌 태도, 건전한 태도를 소유하고 있다는 것입니다. 이런 사람들을 내일이 기대되는 사람이라고 말하는 것입니다. 태도가 곧 결과를 결정합니다. 가슴 깊이 새길 일입니다.

셋째, 적극적으로 행동하는가?

주어진 여건과 환경 속에서 적극적으로 행동할 수 있다면 그것보다 더 좋은 장점은 없을 것입니다. 적극적으로 행동하는 사람은 어려움도 당하고 오해도 받지만 시간 속에서 서서히 그 진가가 드러나게 되어 있습니다. 소중한 존재로 쓰임 받게 되어 있습니다. 어떻게 보면 적극적으로 행동하는 사람은 성실한 사람이 분명합니다. 성실하지 않으면 적극적으로 행동할 수 없기 때문입니다. 호랑이도 토끼 한 마리를 잡는 데 최선을 다한다고 합니다. 최선을 다하는 몸짓은 곧 적극적으로 행동하는 것을 말하는 것입니다. 내일이 기대되는 사람은 바로 이런 사람입니다.

방향이 분명해야 한다

성경은 언제나 분명한 방향을 제시합니다. 성경 역사에서 사람들의 생사화복(生死禍福)이 전개될 때마다 모든 사건 속에서 사람들을 향해 제시하는 기준은 '이 사람이 어떤 방향으로 살았는가!' 하는 것입니다. 오직 하나님만 바라보았는가, 하나님을 의지하는 마음이 한결같았는가, 하나님께 영광을 돌렸는가 하는 것들이 중심 주제였습니다. 이 시대 우리 그리스도인들도 온갖 문제들과 부딪히며 웃고 울어야 하는 믿음의 삶 속에서 명심해야 할 것이 있다면 '오늘도 변함없이 올바른 방향으로 가고 있는가!' 하는 것입니다.

어떤 사람은 빨리 갈 수 있는 안전한 지름길을 찾다 드디어 발견하고 그 길을 성큼성큼 재촉하며 걸어갔는데 얼마만큼 가다 보니 그 길이 잘못된 방향의 길인 것을 알게 됩니다. 그런데 한참이나 멀리 와버렸습니다. 어디서부터 어떻게 해야 할지 몰라 당황스러워합니다. 정말 어렵고 험난한 인생살이가 아닐 수 없습니다.

어떤 사람은 고달프고 힘든 길을 믿음으로 걸어갑니다. 이 걸음 속에서 순간순간 한숨과 눈물이 몰려옵니다. 쉽고 편한 길도 있는데 왜 이렇게 살고 있는지 알 수 없을 정도입니다. 자신의 형편을 바라보면 한심하기만 합니다. 그런데 어느 날 알고 보니 지금 걸어가고 있는 이 길이 오히려 엄청나게 복된 길이라는 것과 목적지에 빨리 갈 수 있는 올바른 지름길임을 알게 됩니다. 그토록 힘겨웠던 삶이 새록새록 자랑스러워집니다.

목적지가 분명하면 방향도 분명해집니다. 방향이 분명하면 여유와 융통성이 생깁니다. 걸음걸음에 힘이 붙고 기대와 활력이 넘치게 됩니다. 더불어 시간과 물질을 아낄 수 있어 효과적입니다. 현대인들이 중요하게 여기는 것 중의 하나가 '속도'입니다. 속도에 인생승부를 겁니다. 속도에 울고 웃는 경우가 허다합니다. 속도가 돈이고 시간이고 기회이다 보니 주위를 살필 여유가 없습니다. 그러다보니 방향에 대한 점검이 부실합니다. 한쪽으로 치우친 방향으로 기우는 것이 허다한 일상입니다. 그러다 어느 날 문득 정신을 차리고 뒤돌아보면 한참이나 잘못된 방향, 엉뚱한 방향으로 걸어왔음을 깨닫습니다.

목적지가 분명하면 속도는 그리 중요한 것이 아닙니다. 속도에 매여 민감하지도 않습니다. 속도에 온 생애를 투자하지 않습니다. 오히려 속도보다 더 중요한 올바른 방향에 집중합니다. 방향을 잘 잡고 있는지 관심을 갖습니다. 그러므로 목적지가 분명하면 어려움이 다가와도 지혜롭게 이겨냅니다. 불편한 문제가 엄습해도 당당하게 행동합니다. 얽히고설키는 일이 생겨도 결코 흔들리지 않습니다. 이렇게 할 수 있는 것은 목적지를 향한 분명한 방향이 모든 것을 감당하게 하고 기준을 세워주기 때문입니다.

　그리스도인이 되었다면 정녕 그리스도인다운 방향으로 초점을 맞추고 생각하며 호흡하고 믿음으로 걸어가야 합니다. 단 한순간을 기약할 수 없는 것이 우리 인생이라면 좀 더 간곡하게 의미 있고 뜻있는 방향을 추구해야 하지 않겠습니까? 방향을 잘 잡고 있는지 두루두루 살펴야 하지 않겠습니까? 속도보다 언제나 방향이 중요합니다. 그리고 방향이 분명해야 합니다.

진정성

　'사람의 마음을 도무지 알 길이 없다'는 말에 전적으로 공감하는 요즘입니다. 인간관계 속에서 부대끼며 살아야 하는 우리가 이런 말에 대단히 실망을 하면서도 한편으로는 얼마나 인간관계 속에서 신뢰가 없었으면 이런 말이 나올까 하는 반성도 하게 됩니다.

　사람과 사람 사이에서 관계가 허물어지고 소통이 되지 않는 것은 사람과 사람 사이에서 진정성을 발견할 수 없어 생긴 안타까운 현상입니다. 겉과 속이 다르고, 앞과 뒤가 맞지 않고, 좌충우돌하며 일관성 없는 행동을 할 때 사람관계가 엉망이 되어버리는 것입니다. 한편 사람과 사람 관계가 소통할 수 있는 것은 사람의 진정성을 발견하고 확인할 때 이루어지는 아름다운 관계입니다. 신뢰하는 것도, 이해하는 것도, 긍정적으로 바라보는 것도 진정성이 확인될 때 가능하게 되는 것입니다.

　우리는 지금 진정성 있는 만남, 진정성 있는 대화, 진정성 있는 관계가 절실히 요구되는 시대를 살아가고 있습니다. 따뜻한 만남, 친근한 대화, 끈끈한 사랑의 관계가 그리운 시대를 살아가고 있습니다. 우리가 어떻게 소통해야 할지 답은 분명합니다. 만나면 만날수록, 시간이 가면 갈수록, 연륜이 쌓이면 쌓일수록 진정성 있는 모습을 보여주는 것입니다. 신앙생활도 마찬가지입니다. 성도 앞에서, 교회 앞에서 그리고 하나님 앞에서 진정성을 보여주는 것이 믿음 아니겠습니까?

야고보 사도는 약2:14, 22, 26을 통해 이렇게 말씀합니다. "내 형제들아 만일 사람이 믿음이 있노라 하고 행함이 없으면 무슨 유익이 있으리요 그 믿음이 능히 자기를 구원하겠느냐 네가 보거니와 믿음이 그의 행함과 함께 일하고 행함으로 믿음이 온전하게 되느니라 영혼 없는 몸이 죽은 것 같이 행함이 없는 믿음은 죽은 것이니라."

행함 없는 공허한 믿음을 소유하고 있지는 않은지, 행함 없는 거짓된 믿음을 신뢰하고 있지는 않은지, 행함 없는 죽은 믿음을 붙잡고 있지는 않은지 확인해야 합니다. 전반적으로 신앙생활에 진정성이 있는지 스스로 질문하고 그래서 정답을 찾아내야 합니다. 사람과 사람 사이에서 소통할 수 있는 것이 진정성이라면 하나님과 나 사이의 관계를 소통시킬 수 있는 것도 진정성밖에 없음을 눈치채야 하지 않겠습니까? 진정성은 성숙한 신앙인이라면 오래도록 추구해야 할 참된 가치입니다. 그리고 은은하게 퍼지는 향기로운 마음입니다.

부모는 자녀의 최고 교육자

　가정의 중심은 남편과 아내입니다. 남편과 아내가 중심되어 자녀들과 함께 아름다운 공동체를 만들어가는 공간이 가정입니다. 부부가 건강하고 알찬 삶을 살면 지극히 자연스럽게 자녀들도 건전한 사고와 건강한 삶을 동경하게 되어 있습니다. 부부가 어떠한 상황 속에서도 흔들리지 않고 견고한 삶을 살아내면 자녀들도 부모의 심정을 마음 깊이 알아 부모처럼 살기를 소망하게 되어 있습니다. 부부가 가정의 소중함을 귀하게 여기면 자녀들도 가정의 소중함을 온몸으로 배우게 되어 있습니다.

　건강하고 아름다운 가정의 모습을 자녀들에게 보여주어야 합니다. 특별한 행사를 통해 보여주는 것이 아니라 자연스러운 삶의 모습을 통해 보여주어야 합니다. 물론 부모도 실수하고 허물 많은 것이 사실입니다. 그럼에도 부모들이 믿음으로 사는 모습, 성실하게 사는 모습, 수고하고 애쓰며 땀 흘리는 모습을 자연스럽게 보여주어야 합니다.

　교육학자인 테일러 박사는 이렇게 말합니다.
　"어린이와 청소년에게 미치는 영향의 90%는 부모로부터 오고, 나머지 모든 영향을 합한 것이 10%이다.”

영국 시인인 오스카 와일드는 이렇게 말합니다.

“당신의 아이를 착한 사람으로 만드는 최고의 방법은 그를 행복하게 해주는 것이다.”

탈무드에는 이런 말이 있습니다.

“하나님은 직접 모든 아이들에게 갈 수 없기 때문에 어머니와 아버지를 보낸다.”

유대 속담에 이런 말이 있습니다.

“어린 시절에 당신의 아이들을 훈련시켜라. 그러면 당신은 노인이 되어 그들로부터 훈련을 받지 않게 될 것이다.”

성경은 이렇게 말씀합니다.

“마땅히 행할 길을 아이에게 가르치라 그리하면 늙어도 그것을 떠나지 아니하리라”(잠22:6).

“또 아비들아 너희 자녀를 노엽게 하지 말고 오직 주의 교훈과 훈계로 양육하라”(엡6:4).

자녀의 문제는 곧 부모의 문제입니다. 부모가 믿음으로 바로 서있으면 잠시 흔들림이 있다 할지라도 자녀들은 제자리를 찾아 올 것입니다. 부모는 자녀에게 있어 가장 친근한 선생님이자 교육자, 믿음의 선배, 닮아야 할 모델이 되어야 합니다.

행복한 만남

행복이란 무엇일까요? 어떤 것이 행복일까요? 행복의 기준은 무엇일까요? 개인마다 민족마다 행복의 조건과 기준이 각양각색으로 다르겠지만 제가 행복을 정의해 본다면 "주위를 둘러보아 감사하고 평안하고 만족할 수 있는 환경"이라고 말하고 싶습니다. 사람들은 행복을 추구하고 행복한 삶을 위해 온 생명을 투자하지만 '행복하십니까?'라고 묻는다면 과연 몇 사람이나 "예, 행복합니다"라고 말할 수 있을지 궁금해집니다. 그럼에도 불구하고 여기 이런 만남이 행복이라고 소개하고자 합니다.

첫째, 자녀의 행복은 좋은 부모를 만나는 것입니다.
건강한 사고와 건전한 시각으로 가정을 화목하게 만들기 위해 애쓰고 힘쓰며 희생하고 땀 흘리는 아버지, 어머니를 만난 자녀는 행복한 사람입니다. 세상에서 가장 처음 만나고 가장 가까이에서 가장 크게 영향을 받을 수밖에 없는 부모가 선하고 좋은 부모라면 삶의 시작부터 복된 걸음걸음이 될 것입니다. 좋은 부모를 만났다면 평생토록 고개 숙여 마음을 다해 감사하십시오.

둘째, 학생의 행복은 좋은 선생님을 만나는 것입니다.

인격과 교양과 상식을 갖춘 선생님을 만나기는 쉽지 않겠지만 인격과 교양과 상식을 갖춘 선생님의 가르침을 받고 있다면 행복한 학생입니다. 배움에는 왕도가 없다고 하지만 자라나는 학생으로서 학문과 더불어 사람됨을 배울 수 있다면 그것보다 더 행복한 일이 어디 있겠습니까? 진정한 가르침은 쉽게 얻을 수 있는 것이 아니기 때문입니다.

셋째, 배우자의 행복은 좋은 배필을 만나는 것입니다.

어떤 남편과 아내를 만나느냐에 따라 인생의 색깔과 방향이 달라집니다. 그러므로 좋은 배필을 기대하기보다 자신이 먼저 좋은 배필이 되기 위해 자기 자신을 가꾸고 다듬어야 합니다. 상대방을 아끼고 배려하기 위해 노력하는 배우자가 되어야 합니다. 좋은 배필은 아름다움을 더욱더 아름답게 빛나게 할 줄 아는 지혜가 있는 사람입니다.

넷째, 신앙인의 행복은 좋은 교회를 만나는 것입니다.

기도와 말씀이 살아있고 은혜와 사랑이 풍성하며 여유와 웃음이 넘쳐나는 교회는 좋은 교회입니다. 감싸주고 이해하며 포용하는 교회는 좋은 교회입니다. 자신의 연약함과 부족함을 인정하고 늘 겸허한 마음으로 귀하게 살려고 몸부림치는 성도들이 많으면 많을수록 좋은 교회입니다. 좋은 교회를 만나기도 어렵지만 좋은 교회를 만났다면 그 사람은 말할 수 없이 행복한 사람입니다.

다섯째, 삶의 행복은 좋으신 하나님을 만나는 것입니다.

생각지도 않았는데 어느 날 하나님이 다가오셨습니다. 하나님을 만났습니다. 창조의 하나님, 생사화복의 하나님, 은혜와 사랑의 하나님을 알게 되었습니다. 보잘것없는 형편과 처지를 생각하면 얼마나 놀라운 일인지 알 수 없습니다. 수많은 만남 가운데 하나님을 만나다니요. 하나님을 만난 것이 최고의 기쁨이요 감격이며 영광스러움임을 경험했다면 그 사람은 참으로 행복한 사람입니다. 그 어떤 만남보다도 하나님을 만난 것이 가장 큰 행복입니다.

이 시대에 필요한 것은 무엇인가?

우리는 지금 육적으로, 정신적으로, 영적으로 몹시 어려운 시대를 살아가고 있습니다. 어느 분야이든 하나같이 고통의 터널을 지나가고 있는 것 같습니다. 눈으로 보기에는 풍요롭고 부족함이 없는 시대인 것 같으나 자세히 들여다보면 어지럽고 혼란스러운 시대의 중심에 있는 듯하여 심히 염려스럽습니다.

현대인들이 열심히 추구하는 권력, 부, 지식, 성공, 명예 등이 사회를 더욱 옥죄고 다그치며 경쟁으로 몰아가는 것 같아 안타깝기만 합니다. 이런 가운데 기준도 없이 모두가 다 자기 입장에서 정답이라고 확신하며 살아가는 요즘 세대에서 귀한 믿음의 사람으로 살아가려면 갖추어야 할 것이 있습니다. 강퍅한 시대적인 현실 속에서 그리스도인이라면 마땅히 소유해야 할 아름다운 덕목이 있습니다.

첫째, 따뜻하고 포근한 향기입니다.
멀리까지 소리 없이 퍼져가는 꽃의 향기가 나비와 벌을 본능적으로 불러 모으듯이 그리스도인으로 그리스도인다운 향기를 뿜어내 아주 자연스럽게 호감과 영향력을 발휘하는 삶이 지금 이 시대에 절실히 요구 됩니다. 그리스도인에게 그 어떤 사람이 다가간다 할지라도 그리스도 인의 따뜻하고 포근한 향기를 맡을 수 있다면 그 사람에게 선한 기쁨을 선사하는 것이 아니겠습니까? 따뜻하고 포근한 향기로 시대적인 요구 에 응답할 수 있기를 바랍니다. 더럽고 악취 나는 시대적인 환경에 그 리스도의 향기를 전하는 하늘나라 대사로 부름받았다는 자부심을 가졌 으면 합니다.

둘째, 깨끗한 투명성입니다.

그 어떤 그릇도 모양이나 크기나 값에 상관없이 더러우면 쓰임 받지 못합니다. 더러우면 거들떠보지도 않습니다. 쉽게 다가가지 않습니다. 외면해버립니다. 외식과 가면으로 가려진 허울 좋은 모양이나 크기나 값은 때가 되면 드러나게 되어 있고 오히려 더 큰 낭패를 당하게 되어 있습니다.

이 시대 깨끗한 투명성으로 그리스도인다운 삶을 보여주어야 합니다. 치열한 영적 싸움으로 깨끗한 투명성을 확보해야 합니다. 은사가 있어 도 윤리적인 문제가 있다면 쓰임 받기 어려운 시대입니다. 하물며 믿음 의 사람이라면 더욱더 조심해야 합니다.

셋째, 지혜로운 분별력입니다.

무엇이 진짜이고 가짜인지 눈으로 판단하기가 상당히 어려운 시대입 니다. 참과 거짓, 진리와 비진리, 믿음과 불신앙 등이 혼재해 있는 이런 시대에 분명하게 알아보고 판단할 수 있는 지혜로운 분별력이 필요합니다. 그래야 하나님 앞에서 깨어있는 믿음, 살아있는 믿음, 건전한 믿음을 온전하게 유지하고 성숙시킬 수 있기 때문입니다.

하나님의 말씀과 기도로 무장하고 있으면 이런 시대적인 혜안은 자연스럽게 스며드는 하나님의 선물이 될 것입니다. 시대가 기다려주지 않고 시간이 멈춰주지 않기에 뜨거운 열망으로 지혜로운 분별력을 마음껏 사용하여 믿음의 사람으로 우뚝 설 수 있기를 기대해 봅니다.

그리스도인은 과연 언제 행복한가?

사람들이 말하는 행복의 기준은 몹시 다양합니다. 그럼에도 불구하고 거듭난 그리스도인은 하나같이 행복을 동일하게 말하고 느끼고 체험합니다. 어느 개인, 어느 지역, 어느 민족이든 구별됨 없이 똑같이 경험합니다. 프랑스 철학자 파스칼은 행복에 대해 이렇게 말합니다. "행복은 우리 안에 있는 것이 아니다. 그렇다고 우리 밖에 있는 것도 아니다. 행복은 우리가 하나님과 연합하는 데 있다." 성경은 그리스도인이 언제 행복한지 보다 더 정확하게 제시합니다.

첫째, 확실한 믿음이 있을 때라고 말씀합니다(시34:8).

믿음은 평온할 때는 잘 드러나지 않습니다. 별 문제 없을 때는 잘 보이지 않습니다. 하지만 위급하고 긴박한 상황에 처해지면 믿음이 드러나고 보입니다. 큰 믿음, 작은 믿음, 헛된 믿음을 그때 확인할 수 있는 것입니다. 어려움이 다가왔을 때 발휘하는 믿음이 정말 견고한 믿음입니다. 이런 믿음을 소유하면 천하를 얻는 느낌을 갖게 될 것입니다. 어려움 가운데서도 믿음을 마음껏 발휘하는 사람은 행복한 사람입니다.

둘째, 하나님의 말씀을 알아갈 때라고 말씀합니다(렘15:16).

하나님의 말씀이 가슴에 부딪히면 그것보다 더 기쁘면서 그것보다 더 괴로운 것은 세상에 없습니다. 살아 숨 쉬며 움직이는 생명의 말씀을 읽고, 듣고, 깨닫는 것보다 더 황홀하고 더 애틋한 것은 없습니다. 그리스도인은 하나님의 말씀을 더 많이 알고, 더 많이 경험하고, 더 많이 실천해야 할 사람들이기에 하나님의 말씀을 알면 알수록 행복할 수밖에 없는 사람들입니다.

셋째, 팔복을 경험할 때라고 말씀합니다(마5:1~12).

참된 행복은 어떤 외적 조건에 있지 않습니다. 많이 가진 것에 있지 않습니다. 어떤 환경에 있지 않습니다. 참된 행복은 하나님 나라에 대한 소망과 기쁨과 열망에 있습니다. 예수님께서 그 당시 말씀하신 행복은 그 시대 기준을 뛰어넘고 뒤엎는 놀라운 말씀이었습니다. 마찬가지로 21세기 그리스도인들도 시대를 뛰어넘는 행복을 소유해야 합니다. 그리스도인은 팔복으로 행복해하고 행복을 만들어가며 행복을 느끼는 사람들입니다.

넷째, 영생의 확신이 분명할 때라고 말씀합니다(눅10:20).

육신의 짧은 생애는 우리를 가슴 아프게 합니다. 그리고 많은 애환을 남깁니다. 하지만 어느 한순간 믿음으로 구원받은 하나님의 자녀가 되면 영원한 삶을 살게 되는 은혜를 소유하게 됩니다. 표현할 수 없을 정도의 기쁨과 만족을 덤으로 얻게 됩니다. 아무것도 아니었던 우리가 하늘나라 생명책에 기록되는 놀라운 일이 벌어집니다. 이 영생의 확신을 분명하게 알 때 그리스도인은 행복하지 않을 수 없는 것입니다.

다섯째, 스스로 만족할 때라고 말씀합니다(빌4:11~12).

'자족'이라는 말은 '넉넉하고 만족한 상태로 스스로 채운다'는 뜻입니다. 스스로 만족한다는 것은 몹시 어려운 일입니다. 오늘날과 같은 현대문명의 강력한 영향력을 받는 시대에는 특히 더 어렵고 힘이 드는 일입니다. 그럼에도 불구하고 언제 어디서나 스스로 만족할 때 행복하다고 성경은 분명하게 말씀합니다. 행복은 먼 곳에 있는 것이 아니라 자족하는 데 있음을 명심할 일입니다. 자족하면 웃음이 꽃피고, 자족하지 못하면 불행이 꽃필 것입니다. 그리스도인은 자족하는 사람입니다. 자족할 때 행복을 맛보는 사람입니다.

어느 여름날의 풍경

서재 창문 밖 하늘을 바라보며 하늘의 뜻 헤아리는데
팔랑거리며 등나무 위 애써 높이 날아가는
하얀 나비 하나, 자기 갈 길 바쁜 듯
사택에서 은은히 울려 퍼지는 피아노 소리 들으며
스쳐 지나간다 아무렇지도 않은 듯

녹음 짙은 푸르른 자연은 생기로 가득한데
순간순간 이야기하는 듯, 노래하는 듯
쉬어가는 바람에 나뭇잎 연신 고개를 살랑살랑거리고
하늘의 마음, 하늘의 뜻 그림 그리듯
이웃사촌 하얀 나비 춤추듯 날아간다. 날아간다.

등나무 위 하얀 나비 제 갈 길 날아갈 때
백일홍 살짝살짝 연하게 물드는
무더운 여름날의 풍경은 한순간의 평온
낯설지 않은 쉼표

하늘의 신비 맛보는 깜짝 여유
하얀 나비 날갯짓하며 멀어질 때
나뭇잎 움직임 아쉬운 듯, 기쁜 듯
멀리멀리 날아가 하늘 소식 전하라고
힘내고 또 힘을 내 하늘 계획 펼치라고
모두 다 하나같이 손 흔든다. 손 흔든다.

빛을 발휘하는 접속사

살인적인 불볕 무더위가 기승을 부리고 있습니다. 시원한 소나기가 자연스럽게 그리워지기도 하는데, 숨 막힐 듯한 이 무더위를 무엇으로 이겨내야 할지 궁리하던 가운데 기독교 역사에 빛을 발휘한 접속사 세 단어를 발견하게 되어 잠시 무더위를 식혀봅니다.

우리가 너무나 잘 알고 있는 접속사이지만 한편으로는 믿음의 선조들의 신앙 여정을 언제나 지배했던 단어였음을 생각하면 숙연해지는 단어이기도 합니다. 끝까지 믿음으로 죄와 싸워야 하고, 세상과 싸워야 하며, 마귀와 싸워야 하는 영적 전쟁의 현장에서 이 시대 우리 그리스도인들에게 힘과 용기를 더해주는 귀한 접속사이기도 합니다. 성경을 펼치면 어느 곳에서나 합당하게 등장하여 간담을 서늘하게 하는 무척이나 다행스러운 글귀이기도 합니다. 이처럼 지혜와 통찰력을 갖게 하는 접속사는 바로 **"그러나"**, **"그런즉"**, **"그러므로"**였다는 것을 염두에 두고 우리의 신앙적 형편을 뒤돌아보았으면 합니다.

구원받은 믿음의 사람으로 살아가면서도 우리는 가끔씩 연약하여 실수하고 넘어지는 존재입니다. 흠과 결점과 부족함이 가득한 존재입니다. 육은 끊임없이 영적 삶을 거스르고자 하고 영은 언제나 육적 삶을 거스르고자 하는 존재입니다. 그리스도인이 되었다고 말로 고백하면서도 다시 죄짓고 타락하고 신앙에 무감각해지는 한심한 존재입니다. 이런 모든 상황들을 종합해보면 답답하고 앞이 캄캄한 것은 어찌할 수 없는 사실입니다.

한편으로는 육체의 병고와 생활의 염려와 세상적인 어려움으로 인해 안식을 찾지 못해 헤매는 형편없는 존재입니다. 은혜를 받고 입었으나 은혜를 귀한 줄 모르고 방치하다 어느 날 갑자기 은혜를 실감하고 은혜에 감사하는 미련한 존재입니다. 구별된 삶을 살고자 다짐하면서도 어느 순간 그렇게 살지 못하는 자신을 바라보며 한탄하는 지극히 어리석은 존재입니다. 믿음의 여정을 걸어가면서도 크고 넓은 길을 원하고 편안한 길을 찾기만 하는 나약한 존재입니다. 많은 것들을 이것저것 생각하면 할수록 여러모로 안타깝고 답답할 수밖에 없음을 고백합니다.

그럼에도 불구하고 구원받게 하신 분도 하나님이시요, 그리스도인이 되게 하신 분도 하나님이시며, 믿음으로 살게 하신 분도 하나님이시기에 우리는 희망을 갖습니다. 지금은 비록 육체의 연약함과 부족한 믿음으로 인해 여러 가지 문제들이 드러나 어려움을 겪고는 있지만 점진적으로 조금씩, 조금씩 좋아지고, 강해지며, 활짝 꽃피울 수 있는 날을 향해 계속 전진하는 그리스도인이 되리라 확신하는 것입니다. 잘하지 못했어도, 실수하고 실패하며 실망했어도, 믿음 안에서 다시 일어서고 다시 시작했던 믿음의 선조들이 있었음을 기억합니다.

성경에 언제나 귀하게 소개되고 있으면서 우리 믿음의 선조들이 언제나 잊지 않았던 **"그러나", "그런즉", "그러므로"**의 접속사가 현대 그리스도인들에게도 의미 있는 접속사로 계속 가슴을 파고들고, 의미를 부여하며, 뜻을 새기는 연결고리로 쓰여야 하지 않겠습니까? 언제나 빛을 발휘하는 이 세 접속사를 성경에서 발견할 때마다 시대적으로는 어려우나 신앙적으로는 더욱더 굳건해지고 성숙하며 발전하는 계기로 삼아야 할 것입니다.

"**그러나** 끝까지 견디는 자는 구원을 얻으리라"(마24:13).

"**그런즉** 누구든지 그리스도 안에 있으면 새로운 피조물이라 이전 것은 지나갔으니 보라 새것이 되었도다"(고후5:17).

"**그러므로** 이제 그리스도 예수 안에 있는 자에게는 결코 정죄함이 없나니"(롬8:1).

십자가의 길을 걷는 그대에게

십자가의 길은 결코

- 안전하고 편안한 길이 아닙니다.

- 휘황찬란하게 빛나는 길이 아닙니다.

- 마음껏 큰소리 칠 수 있는 길이 아닙니다.

- 누구에게나 열려있고 허락된 길이 아닙니다.

- 알고 배웠다고 갈 수 있는 길이 아닙니다.

- 성취와 만족을 위해 가는 길이 아닙니다.

- 의, 식, 주를 해결하는 길이 아닙니다.

- 마냥 아름다운 일만 있는 길이 아닙니다.

- 육적이고 인간적인 길이 아닙니다.

- 자신의 유익과 이익을 위해 가는 길이 아닙니다.

- 남들이 간다고 억지로 같이 갈 수 있는 길이 아닙니다.

- 어리석거나 한심한 길이 아닙니다.

십자가의 길은 오로지

- 하나님의 뜻을 구하고 찾고 두드리는 길입니다.

- 자신의 마음을 내려놓고 비워야 하는 길입니다.
- 하나님의 말씀에 대한 확신이 있어야 가는 길입니다.
- 영적 세계에 이끌려야 갈 수 있는 길입니다.
- 아무리 힘들어도 갈 수밖에 없는 길입니다.
- 은혜를 받아야만 가는 길입니다.
- 좁고 험준하고 고독한 길입니다.
- 소수의 선택된 사람이 가는 길입니다.
- 믿음, 소망, 사랑으로 하나 될 때 가는 길입니다.
- 생명을 걸어야 갈 수 있는 길입니다.
- 신령한 하늘의 복을 경험한 사람이 가는 길입니다.
- 기도하며 갈 수밖에 없는 길입니다.

그러므로 십자가의 길은
- 두려우면서도 황홀한 길입니다.
- 신비함, 위대함, 고귀함이 동반된 길입니다.
- 영원한 생명을 책임지는 길입니다.
- 현재는 고난의 길이나 미래에는 영광스러움이 보장된 길입니다.
- 언어로는 표현할 수 없을 정도의 값진 길입니다.
- 믿음으로 살면 살수록 기대되는 길입니다.
- 어느 누구에게도 빼앗기고 싶지 않은 복된 길입니다.
- 세상 상급이 아닌 하늘 상급이 분명하게 있는 길입니다.
- 희생하고 헌신해야 할 순교의 길입니다.

- 힘들어도 가야만 하는 보람된 길입니다.
- 뽑힌 사람에게만 허락된 구별된 길입니다.
- 아멘으로 화답하며 가야 할 하늘 길입니다.

지혜로운 생각

성경의 기준과 세상의 기준은 하늘과 땅만큼이나 차이가 난다는 사실 앞에 다시금 경각심을 가져 봅니다. 그리스도인으로 살면서도 분명한 기준이 없이 살아간다면 세상의 기준에 한참이나 치우쳐 살 수밖에 없는 것이 우리의 냉엄한 현실입니다. 조금만 방심해도 성경의 기준보다 세상의 기준에 본능적으로 치우치는 것을 볼 때 우리가 얼마만큼 냉철한 의식과 담대한 믿음을 소유하고 살아야 하는지 분명하게 알 수 있습니다. 그리스도인으로 살면서 분명한 기준을 성경을 통해 배운다면 믿음의 여정 가운데 많은 지혜를 풍성하게 얻게 될 것입니다.

성경의 분명한 기준 가운데 하나인 '그리스도인으로 더 낫게 여겨야 할 것은 무엇인가?'라는 질문이 있습니다. 이에 대해 전도서 7장 1절에서 8절까지 그 해답을 제시합니다.

- 재물보다는 명예를 더 낫게 여겨야 합니다(전7:1상, 잠 22:1).
- 출생일보다 죽는 날을 더 낫게 여겨야 합니다(전7:1하, 전4:2, 빌 1:23).

- 잔칫집보다 초상집에 가는 것을 더 낫게 여겨야 합니다 (전7:2,4, 시 90:12).
- 웃음보다 슬픔을 더 낫게 여겨야 합니다(전7:3, 고후 7:10).
- 우매자의 칭찬보다 지혜자의 책망을 더 낫게 여겨야 합니다(전7:5,6, 잠9:8).
- 일의 시작보다 일의 끝을 더 낫게 여겨야 합니다(전7:8 상).
- 교만한 마음보다 참는 마음을 더 낫게 여겨야 합니다(전 7:8하, 잠 14:29).

성경의 기준은 분명합니다. 하지만 우리는 이 성경의 기준에서 얼마나 멀리 벗어나 생활했는지 모릅니다. 성경의 기준에서 무척이나 상관없는 삶을 살면서도 아무런 느낌 없이 얼마나 편하게 살았는지 알 수 없습니다. 더불어 우리가 얼마나 부족하고 허약한 존재인지를 여실히 보여줍니다. 우리는 여기서 육적인 본능은 계속적으로 세상의 기준을 향하지만 영적인 본능은 끊임없이 성경의 기준을 향하고 있음을 가슴 저미도록 발견합니다.

우리 그리스도인들은 현재 지혜로운 생각이 절실히 요구되는 냉엄한 시대에 살고 있습니다. 그러기에 무엇이 더욱 더 우선순위가 되어야 할 것인지 점검하는 깨어있는 믿음이 필요합니다. '세상은 저절로 좋아지지 않는다', '세상에는 공짜가 없다'라는 말을 '신앙생활은 저절로 좋아지지 않는다', '신앙생활에는 공짜가 없다'라는 말로 바꾸어 외쳐보고 싶은 마음입니다. 지혜로운 생각이 무척 필요한 요즘입니다.

5장

거룩한 바보

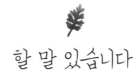

할 말 있습니다

현대 그리스도인들은 죄, 회개, 심판, 지옥, 천국에 대해 듣기 싫어한다고 합니다. "회개하라, 심판이 있다, 믿음으로 살아라" 등의 설교는 별 반응을 보이지 않는다고 합니다. 그러나 "복 받아라, 성공자가 되어라, 번창하고 번성해라"라는 설교에는 관심을 기울이고 좋아한다고 합니다. 듣기 좋은 말, 익숙한 말, 부담 없는 말에는 귀를 기울이고 환호한다고 합니다.

생각해 보셨습니까?
- 우리가 얼마나 엄청난 죄인인지를!
- 반드시 회개하고 구원받아야 할 심각한 존재인지를!
- 하나님을 애써 외면하고 자기 자신을 주인 삼아 이기적으로 살아왔던 불신의 죄악을!
- 믿음의 세계에 대한 무감각과 무관심한 병폐를!
- 자신이 어디서 와서 어디로 가고 있는지 전혀 모르고 있는 안타까운 형편을!

점검해 보셨습니까?

- 신앙생활에 과연 문제는 없는지!
- 은혜 가운데 마음껏 거하고 있는지!
- 구원의 확신이 흔들리지는 않는지!
- 한쪽으로 치우친 기복신앙은 아닌지!
- 하나님 앞에서의 신전의식은 확실한지!

귀 기울여 보셨습니까?

- 심판이 반드시 있다는 사실에 대해!
- 천국과 지옥이라는 영원한 세계가 존재한다는 것에 대해!
- 믿느냐, 믿지 않느냐에 따라 삶의 깊이가 달라진다는
  엄연한 현실에 대해!
- 영원히 사느냐, 영원히 죽느냐는 오직 믿음에 달렸다는
  냉엄함에 대해!
- 하나님의 자녀 됨에 대한 감격과 희열에 대해!

할 말 있습니다. 죄인, 회개, 구원, 심판, 지옥, 천국, 믿음 등에 대해 할 말 있습니다. 할 말 있습니다. 시간은 빠르게 지나가고 있는데 우리가 지금 어디쯤 지나가고 있는지 점검할 필요에 대해 할 말 있습니다. 할 말 있습니다. 큰 믿음, 큰 확신, 큰 은혜가 있어야 예측불허의 세상에서 이기고 또 이길 수 있다는 영적 현실에 대해 할 말 있습니다.

변화-희망의 징조

　맑고 푸른 하늘을 자랑하는 이 오색단풍의 계절이 시간이라는 자연스러운 흐름과 함께 슬쩍슬쩍 알게 모르게 겨울이라는 옷으로 변할 것을 상상해보니 묘한 감정이 느껴집니다. 가만히 보면 자연도 시시때때로 변하고, 세상도 아찔할 정도로 빠르게 변하고, 삶도 끊임없이 변하고 또 변한다는 것을 더욱더 실감하게 됩니다. 무서울 정도로, 때로는 힘에 버거울 정도로 변하고 또 변하는 것이 세상인심이고, 세상살이인 것을 모르는 바는 아니지만 거대한 변화의 현실 앞에 서있다는 것만으로도 혼란스러운 것은 어찌할 수 없는 시대적인 현상인 것 같습니다. 시대적인 흐름 속에서 변해야 살고, 변해야 내일이 보장되고, 변해야 희망이 있는 것만은 분명하다 하겠습니다.

　그럼에도 불구하고 변화의 바람에 가장 둔감한 것이 있습니다. 바로 사람의 본능입니다. 사람의 본능만큼 변화되기 어려운 것도 세상에 없을 것입니다. 사람의 본능이 변화하기 얼마나 어려운지 우리는 눈만 뜨면 경험하고 또 경험합니다. 본능적으로 살고, 본능적으로 행동하고, 본능적으로 말하는 모습 속에서 우리는 좌절합니다. 생각이 허물어짐니다. 그리고 고통스럽습니다. 우리의 겉사람은 날이면 날마다 늙어가나 우리의 속사람은 날이면 날마다 젊어지는 것이 그리스도인일진대 (고후4:16) 현실은 그렇지 못하니 한숨만 절로 나올 뿐입니다. 사람이 변한다는 것이 얼마나 어려운 일인지 삶의 현실 속에서 순간순간 실감하면서도 몹시 안타까운 것은, 시간이 한참 지난 어느 먼 훗날 철들어 깨달았을 때는 이미 손을 쓸 수 없어 텅 빈 가슴과 황량한 아쉬움의 그림자만 휑하니 남기게 된다는 것을 아는지 모르는지 답답하기 그지없습니다.

그리스도인은 하나님 앞에서 삶이 변하고, 인격이 변하고, 목표가 변한 사람을 말합니다. 그리스도인이 되었다는 것은 보는 시각이 변하고, 듣는 귀가 변하고, 말하는 입이 변한 사람을 말합니다. 그리스도인으로 살아간다는 것은 기도와 말씀으로 언제나 무장하고, 성령의 기름 부으심을 기대하며, 충만한 믿음을 갖고 살아가는 것을 말합니다.

이렇게 살 수 있는 것은 변화된 그리스도인이기에 가능한 일이 아니겠습니까? 완전하지는 않지만 완전을 향해 애쓰고 몸부림치는 모습 속에서 변화를 계속적으로 추구하기에 믿음의 사람이라 말하는 것이 아니겠습니까?

변화는 그리스도인에게 있어 희망의 징조입니다. 대다수의 사람들은 변함없이 본능적으로 그냥 그렇게 살아갑니다만 은혜를 입은 그리스도인은 변화된 사람으로 살아야 할 막중한 책임이 있는 것입니다. 그래서 그리스도인을 은혜 받은 사람이라 말하는 것입니다. 이 혼탁한 시대에 우리는 변화된 그리스도인에게 희망을 걸어봅니다. 희망의 씨앗을 기대하는 것입니다.

사람이 변하기가 얼마나 어려운지 이 시대가 그것을 엄중하게 증명하고 있습니다. 하지만 변화된 그리스도인이 시대적인 암담한 현실을 박차고 나아가 바꾸고 변화시키는 주역의 역할을 감당하는 것을 볼 때마다 변화는 어느 시대, 어느 누구에게든지 희망의 징조임을 다시 한 번 발견합니다. 변화는 현실적으로 너무나 어렵지만, 변화된 그리스도인을 찾기도 너무나 힘겹지만, 변화에 대한 갈망도 너무나 희귀하지만, 변화된 그리스도인을 그리워하는 것은 깨어있는 그리스도인을 통해 새로운 역사가 언제나 새록새록 만들어지기 때문입니다. 참된 그리스도인은 시대를 뛰어넘어 언제나 희망의 징조입니다.

단계-거쳐야 할 과정

　2층 서재 계단을 매일 오르내리며 느끼는 감정이 있습니다. 그때그때마다 시시각각 새로운 세상과 새로운 마음을 경험한다는 것입니다. 아침, 점심, 저녁이 각각 다르게 비쳐지고, 봄, 여름, 가을, 겨울이 색다른 감흥으로 다가옵니다. 오르고 내려올 때마다 하늘의 모습이 다르고, 계절의 모습이 다르며, 오고 가는 공기의 흐름이 다르다는 것을 온몸으로 실감합니다. 한 계단 한 계단이 있어 오르고 또 내려오지만 마음과 행동과 시각이 수시로 바뀐다는 것도 알게 되었습니다. 덕분에 한 계단의 중요성과 필요성을 절박하게 절감하게 되었습니다.

　인생에 있어 3대 불행이라는 것이 있습니다. 먼저는 어린 나이에 크게 알려지는 조기 성공입니다. 다음으로는 기반을 잡아 살만한 중년의 때에 한쪽 배우자를 잃어버리는 중년 사별입니다. 마지막으로 평생 수고하고 애쓰며 살았지만 결국 나이 들어 궁핍해지는 노년 가난입니다. 저는 이 중에서도 어린 나이에 크게 알려지는 조기 성공에 대해 관심을 가져보려 합니다. 왜 사람들은 조기 성공에 대해 은근히 염려하고 걱정하는 것일까요? 결론적으로 말하자면 거쳐야 할 단계를 거치지 않고 수직 상승했기 때문에 겪어야만 하는 진통과 충격과 혼란스러움이 있기 때문입니다. 물론 어린 나이에 성공하고, 대중들에게 알려지고, 사랑과 관심을 받으면 좋은 장점들도 있겠지만 반대로 좋지 못한 단점들이 더 많이 드러나고 허점들이 더 많이 등장한다는 사실을 너무나 많은 사람들이 잘 알고 있기에 조기 성공을 그리 대단한 성공이라 여기지 않는 것인지도 모르겠습니다. 오히려 조기 성공을 불행한 것이라고 단정 짓는 것도 이런 이유 때문인 것 같습니다. 차라리 나이에 맞게 성장하고, 나이에 맞게 행동하고, 나이에 맞게 인격이 형성되는 것이 어린 나이에 조기 성공하는 것보다 훨씬 더 건강한 삶을 생애 속에서 보장받게 될 것입니다.

신앙생활에도 단계가 있는 것 같습니다. 마땅히 거쳐야 할 단계를 신앙생활 속에서 거친 신앙인들은 믿음의 삶에 문제가 발생한다 할지라도 조금은 힘들고 아프겠지만 잘 견디고 이겨내는 것을 봅니다만 마땅히 거쳐야 할 단계를 거치지 못한 신앙인들은 믿음의 삶에 문제가 생기고 어려움이 찾아오면 끝까지 견디지 못해 결국에는 종교인으로 전락하는 모습을 많이 접하게 됩니다. 이런 현실들을 경험하면서 신앙생활에도 시간의 흐름 가운데 거쳐야 할 단계를 거쳐 가는 것이 얼마나 중요한지 새삼스럽게 발견합니다.

계단은 보기 좋으라고 만들어진 것이 결코 아닙니다. 밟고 지나가라고 가지런히 만들어진 것입니다. 한 계단 한 계단 오르고, 한 계단 한 계단 내려오는 것이 건강한 인생이 되어야 하고, 한 계단 오르고 한 계단 내려올 때마다 느껴지는 감정이 건강한 믿음으로 표현되어야 합니다. 신앙의 연륜과 함께 신앙의 단계를 귀중하게 여기는 겸손한 마음이 있어야 하겠습니다. 혼탁하고 죄된 세상에서 흔들림 없는 견고한 신앙인으로 살아가려면 단계-거쳐야 할 과정을 소중하게 여기는 마음과 믿음이 요구됩니다. 단계-신앙인이라면 그냥 지나칠 수 없는 거쳐야 할 신앙훈련의 과정임을 명심해야 합니다.

얼굴-그 사람의 인격

인격은 사람의 됨됨이(말이나 행동 등에 나타난 사람의 품격)를 말하는 것인데 사람의 얼굴을 인격이라 말하는 것은 사람의 얼굴에 그 사람의 됨됨이가 고스란히 나타나 있기 때문입니다. 다양한 사람들을 많이 접하면서 그때그때마다 특색 있고 개성 있는 얼굴들에 놀라면서도 한편으로는 얼굴이 그 사람을 나타내는 바로미터임을 깨닫게 되었습니다.

생긴 얼굴 모습대로 말하고 행동하고, 생긴 얼굴 모습대로 살아가고 열매 맺고, 생긴 얼굴 모습대로 아파하고 기뻐하고 하는 것을 보면서 사람 얼굴이 얼마나 중요하고 소중한지를 점점 더 알게 되었습니다. 사람 얼굴이 그 사람을 비춰주는 거울이라고 여기기에 얼굴을 보면 그 사람이 어떤 사람인지 어느 정도 짐작이 되기도 합니다만 한 가지 분명하게 짚고 넘어가야 할 것이 있다면 우리 모두가 품격 있는 얼굴을 가꾸고 만들기 위해 몸과 마음을 갈고 닦아야 한다는 것입니다.

사람들의 얼굴을 유심히 볼 때마다 느끼는 것은 사람의 얼굴도 그 사람의 개성에 따라 알게 모르게 변해간다는 것과 만약 변해간다면 선하고 좋은 쪽으로, 다시 말해 윤택하고 복이 넘치는 귀한 얼굴로 변해가야 한다는 것입니다.

- **자신을 책임질 수 있는 얼굴**
- **자신을 보여줄 수 있는 얼굴**
- **자신을 대신할 수 있는 얼굴**
- **자신의 가치를 높일 수 있는 얼굴**
- **자신의 존재를 알릴 수 있는 얼굴**
- **자신의 삶의 모습을 반영할 수 있는 얼굴**

등으로 변해간다면 얼마나 좋을까 하는 생각을 해봅니다.

그 사람의 얼굴 속에 그 사람의 모든 것이 은근하게 심겨있다고 본다면 과장된 것일까요? 얼굴을 보면 그 사람을 어느 정도 알 수 있는 정보가 있기에 정감 어린 얼굴, 환하고 밝은 얼굴, 신뢰할 수 있는 얼굴 등으로 가꾸고 또 가꾸어야 할 막중한 책임이 있다고 여겨집니다. 그 어느 누구도 자기 얼굴에 대해 자유로울 수 없을 것입니다. 자신 있다 말할 수 없을 것입니다.

우리나라 사람들은 얼굴에 지나칠 정도로 관심이 많은 것 같습니다. 그것도 내적으로 마음을 가꾸어 자연스럽게 외적인 얼굴로, 즉 인격으로 나타나도록 관심을 가지는 것이 아니라 내적인 마음에는 관심이 없고 오직 외적인 얼굴에만 관심을 두어 돈으로 뜯어고치고 있다는 것이 문제입니다. 그래서 붙은 별명이 '성형공화국'이라는 오명입니다.

얼굴을 가꾸는 데 지나칠 정도로 엄청난 돈을 투자하기도 하고, 성형 수술이라는 특단의 조치를 통해 자신의 얼굴에 과감하게 변화 주기를 서슴지 않는 시대를 살아가고 있습니다. 정말 안타까운 것은 마음을 곱 게 가꾸고, 마음을 잘 다스리고, 마음을 아름답게 사용하면 지극히 자 연스럽게 그 마음이 얼굴로 드러날 텐데 마음에는 신경 쓰지 않고 얼굴 에만 신경을 쓰니 심히 염려스럽기만 합니다.

얼굴은 그 사람의 마음입니다. 얼굴은 그 사람 자신입니다. 얼굴은 그 사람의 명함입니다. 얼굴만 봐도 믿음이 가고 마음이 가는 사람이 되어 야 하지 않겠습니까? 얼굴-그 사람의 인격입니다.

배려-이기적인 행동의 반대

　머리로 배워 아는 것에서 행동으로 움직여 좋은 열매를 맺기까지의 간극은 '멀고도 가까운 당신', '가깝고도 먼 그대'인지도 모르겠습니다. 앎과 행동은 쉬운 것 같기도 하고, 어떻게 보면 너무 어려운 것 같기도 하기 때문입니다.

　세상만사 마음먹기에 따라 나도 변하고 세상도 변하기에 앎과 행동을 균형 잡는 것이 무엇보다 중요한 것 같습니다. 그런 가운데 삶의 걸음걸음을 통해 알고 있으면서도 행동으로 옮기기가 무척 어려운 것이 있습니다. 그 중의 하나가 배려입니다. 배려는 상대방의 입장에서 행동하고 말하는 또 다른 친절이라고 말하고 싶습니다. 배려하는 사람을 보면 모든 것이 따뜻하게 느껴지기도 하고 한편으로는 무척 고마운 사람이라는 것을 확인합니다. 마음이 깊고 절제할 줄 아는 귀한 성품을 가졌다는 흐뭇함이 앞서기도 합니다.

　사람들은 대부분 본능적으로 자기 자신의 입장에서 생각하고 말하고 행동합니다. 상대방의 처지와 입장은 전혀 고려하지 않는 자연스러움을 너무 쉽게 발휘합니다. 아무리 주위에서 말하고 권면해도 본능적인 것을 뛰어넘지 못하는 것을 볼 때 이기적인 사고가 얼마나 삶의 성숙을 방해하고, 삶의 품격을 허물어뜨리는지 알 수 있게 됩니다. 이처럼 배려 없는 이기적인 행동이야말로 타락하고 부패한 죄인의 처참한 모습을 한 치의 오차도 없이 적나라하게 보여주는 현실적인 냉엄한 모습이 아닌가 싶습니다.

세상 사람들의 중심은 언제나 자기 자신입니다. 자기 입장이 우선입니다. 자기 자신을 비우고 내려놓기가 하늘의 별따기 만큼이나 어렵습니다. 그러나 성숙한 사람은 자기보다 상대방을, 자기의 처지보다 상대방의 처지를 먼저 생각하고 말합니다. 이런 사람은 정말 고마운 사람입니다. 이것이 동물과 다른 현명한 사람의 행동입니다. 어려운 시대를 맞이할수록 높은 위치에 있는 사람은 낮은 자리에 있는 사람을 배려해야 합니다. 많이 가진 사람은 가난한 사람을 배려해야 합니다. 건강한 사람은 허약한 사람을 배려해야 합니다. 도시 사람은 농촌 사람을 배려해야 합니다. 믿는 사람은 믿지 않는 사람을 배려해야 합니다. 규모가 큰 교회 성도는 규모가 작은 교회 성도를 배려해야 합니다. 앞서 먼저 믿은 사람은 늦게 믿은 사람을 배려해야 합니다.

기독교는 성경말씀을 알고 배운 것에 그치지 않고 알고 배운 것을 실천하여 교회와 가정과 사회에 선한 영향을 발휘하는 데까지 가야 할 것을 강조합니다. 더불어 건강한 그리스도인은 한 번 더 생각하고, 한 번 더 마음에 새겨 어떻게 하면 귀한 행동으로 표현할 수 있을까에 초점을 맞추는 사람입니다. 이런 사람은 신앙생활에 자부심을 갖습니다. 활력이 넘치는 신앙생활을 감당합니다. 신앙생활에 기쁨을 맛보고 믿음이 계속적으로 자라납니다.

배려는 생각보다 쉽지 않고 힘들다는 것을 잘 알고 있지만 배려가 생활화되면 오히려 편하고, 자유로울 수 있고, 넉넉해지며, 감사할 수 있는 인격적인 사람으로 만들어지게 될 것입니다. 삭막한 시대적인 흐름 속에서 남의 허물을 덮어주는 것, 상대방을 먼저 생각하는 것, 우선권을 먼저 주는 것, 기다리고 참아주는 것, 격려하고 이해하는 것, 넓은 시각으로 바라보는 것, 본능적인 행동을 조금 더 멈추기 위해 애쓰는 것 등이 우리 모두에게 절실히 필요합니다. 배려-이기적인 행동의 반대말입니다.

> **"아무 일에든지 다툼이나 허영으로 하지 말고**
> **오직 겸손한 마음으로 각각 자기보다**
> **남을 낮게 여기고"**(빌2:3).

단풍-자연의 아름다운 조화

형형색색으로 곱게 물든 가을단풍을 바라보다 보면 문득 어디론가 떠나고 싶은 마음이 슬며시 찾아듭니다. 준비 없이 훌쩍 떠나도 왠지 모르게 누군가 다정하게 반겨줄 것 같은 느낌이 들기도 하고, 어느 곳에 가든지 가을의 풍성함이 색다른 넉넉함으로 가득 채워질 것 같은 마음입니다. 따뜻한 가을 햇살과 함께 청명한 하늘은 하염없이 드높고, 가을산야는 온통 울긋불긋 물감을 풀어놓은 듯 치장하기 바쁩니다. 그림 속인지, 사진 속인지 분간이 되지 않을 정도로 채색된 단풍은 사람들의 마음을 빼앗기에 충분하고, 그런 자연의 아름다움을 항상 가까이에서 느끼며 만끽할 수 있는 우리는 정말 행복한 사람들입니다.

수많은 나무들이 계절의 흐름에 따라 치열하게 살았을 텐데 가을의 때가 되니 자연의 법칙에 따라 모든 것을 내려놓고 마지막을 애타게 단풍으로 불태우는 모습이 처절하면서도 아름답게 보이는 것은 어찌된 일일까요? 바람이라도 휑하니 불면 소리 없이 팔랑거리며 땅에 곤두박질치며 떨어질 신세이지만 아직은 자기만의 몸치장에 정신이 없는 듯하고 그저 자연스런 흐름에 모든 것을 맡기는 것 같아 경이로울 뿐입니다.

자연의 호흡을 가장 예민하게 알아차리고 알려주는 가을단풍은 또다른 자연의 질서를 가르쳐주는 훌륭한 교사입니다. 성장과 멈춤의 자연 질서를 어김없이 보여주는 가을 단풍은 또 다른 세계로 이어주는 징검다리이기도 합니다. 가을의 여유는 바로 이런 가을단풍에서 펼쳐지는 아름다운 색깔에 있는지도 모르겠습니다. 어느 누가 말하지 않아도 때가 되면 스스로 알아서 고운 빛깔을 빚어내는 그 자태 앞에 박수를 보냅니다. 그리고 자연의 살아있는 엄청난 감각 앞에 거듭거듭 박수를 보냅니다. 자연의 아름다운 조화가 이렇듯 보기 좋고 귀한 것이라면 이런 자연을 설계하시고 다스리시며 운행하시는 하나님의 손길은 얼마나 위대할까를 가을단풍을 통해 마음 깊이 생각해 봅니다.

　　고운 단풍 소리 없이 물들 때
　　자연의 숨결 애타하며 흐른다.
　　멀리서 보면 아름다운 조화
　　가까이서 보면 처절한 몸부림
　　색동옷 입고 입어 자연스러움 뽐내는가!
　　바람 불 때 살짝살짝 손 흔들어 살아있음 알리는가!
　　계절의 변화 앞에 토해내는 애간장
　　시간의 흐름 속에 불태우는 자연생명

감사-마음 깊은 곳에서 우러나오는 진솔한 고백

　사람들이 잘 알고 있으면서도 마음대로 잘 되지 않는 것 중에 또 하나가 있다면 감사인 것 같습니다. 제대로 된 바른 가르침을 받지 못해서 감사하지 못할 수도 있고, 감사할 만한 조건이 없다는 핑계로 감사하지 못할 수도 있으며, 감사보다 불평이 더 많아서 감사하지 못할 수도 있습니다.

　그럼에도 불구하고 감사는 사람에게만 있는 또 하나의 고유한 정서인 것만은 분명합니다. 제 아무리 정성을 기울여 애완동물을 키운다고 해도 애완동물에게는 감사가 없습니다. 감사의 행동을 할 줄 모릅니다. 감사가 무엇인지도 모릅니다. 본능적으로 살아가기에 한마디로 감사가 필요 없는 것입니다.

　마틴 루터는 이런 말을 했습니다.
　"나에게는 맹견 세 마리가 있는데 그것은 감사하지 않는 것과 허영, 질투이다. 이 세 마리의 개에게 물린 사람은 아주 비참하게 뜯길 것이다."

시대적으로 혼란스럽고 어려운 상황임에도 불구하고 우리 그리스도 인들이 하나님께 감사할 수 있다는 것은 엄청난 특권입니다. 마음을 다해 감사할 수 있다는 것은 놀라운 믿음입니다. 여기 성 크리소스톰의 일화를 소개하고자 합니다. 성 크리소스톰은 법으로 금지된 기독교 복음을 증거한다는 죄목으로 체포당하여 감옥에 들어갔을 때 이렇게 기도했습니다.

"주님, 감옥에 갇힌 죄수들을 복음화하라고 이곳에 저를 파송해 주셨군요. 감사합니다."

그는 감옥 속에서도 쉬지 않고 끊임없이 복음을 전했습니다. 이것이 화근이 되어 결국 사형을 당하게 되었습니다. 이때도 그는 이렇게 기도했습니다.

"주님, 감사합니다. 성도의 가장 아름다운 죽음이 순교라고 했는데 저같은 사람을 순교자의 반열에 동참케 하시니 감사합니다."

크리소스톰이 사형장으로 끌려가 교수형이 집행되려고 할 때 갑자기 사형 중지 명령이 내려졌습니다. 그때도 크리소스톰은 눈물로 감사 기도를 드립니다.

"하나님, 감사합니다. 아직도 종에게 할 일이 더 남았다는 것입니까? 죽도록 충성할 수 있도록 도와주소서."

감사하기 몹시 어려운 시대를 살아가고 있습니다만 그리스도인은 언제 어느 때나 믿음으로 사는 것에 대해 무한히 감사해야 합니다. 어려움과 고통과 낙심을 당해도 뒤돌아서면 감사해야 합니다. 죽을 고비를 경험하게 되었다 할지라도 감사해야 합니다. 살아있다는 그 자체만으로도 감사해야 합니다. 그리스도인에게 있어 감사는 시대를 뛰어넘어 언제나 마음 깊은 곳에서 우러나오는 진솔한 고백이 되어야 합니다.

절제-맺고 끊음에 대한 긍정적 표현

　이러지도 저러지도 못하는 어정쩡한 태도도 문제지만 과도하게 욕심을 내어 많은 사람들에게 피눈물과 평생 씻을 수 없는 상처를 안겨주는 행위는 더 큰 문제입니다. 전자는 자기 자신의 상황판단에 따라 끝낼 수 있는 문제지만 후자는 가정, 사회, 정치, 경제적으로 큰 파장을 일으키는 것이기에 경계하고 또 경계해야 할 일입니다. 무엇이든지 지나친 욕심이 문제입니다. 욕심을 내지 않았다면 죄 짓지 않고 소중하게 살았을 사람들이 욕심에 눈이 멀어 패가망신하는 것을 세상 현실과 성경을 통해 수없이 만날 수 있으니 답답할 노릇입니다.

- 많이 가졌음에도 더 취하려는 탐심.
- 시간이 남아돌아 저지르는 범죄.
- 인간적인 배려라고는 전혀 없는 이기적인 행동.
- 남들보다 조금 앞서간다는 인간적 자부심.
- 눈에 보이는 것에만 취해 있는 허망한 몸부림 등등.

　이런 문제들이 오히려 자기 자신에게 부메랑이 되어 피눈물이라는 말할 수 없는 아픔으로 돌아오는 현실을 어떻게 받아들여야 할까요? 절제하지 못해 겪어야 하는 고통은 아닌지 생각해 볼 일입니다. 저는 갈 5:22~23의 성령의 열매를 접할 때마다 참으로 신비한 느낌을 갖습니다. 성령의 열매는 사랑으로 시작해 절제로 끝난다는 것이 너무나 오묘하기 때문입니다.

- 사랑하면 결국 먹든지 마시든지 무엇을 하든지 주 안에서 온전히 절제할 수 있다는 말씀으로 들려집니다.
- 사랑하면 누가 무슨 소리를 한다 할지라도 주 안에서 균형을 잡을 수 있다는 말씀으로 들려집니다.
- 사랑하면 한쪽으로 치우치지 않는 건강한 사고능력을 주 안에서 가질 수 있다는 말씀으로 들려집니다.
- 사랑하면 어떤 형편에서든지 주 안에서 만족할 수 있다는 말씀으로 들려집니다.
- 사랑하면 흔들림 없는 굳건한 믿음의 용사로 주 안에서 우뚝 설 수 있다는 말씀으로 들려집니다.

사랑에는 언제나 절제가 동반되고, 절제를 통해 사랑을 완성한다는 말씀으로 이해되기에 이 말씀이 큰 울림으로 다가옵니다.

현대사회가 살아남아야 영역을 지킬 수 있는 경쟁사회이다 보니 절제의 미덕을 좀처럼 찾아보기가 어려운 것도 사실입니다. 하지만 인간 사회에 어찌 무한정의 경쟁만 있겠습니까? 과도한 경쟁을 아름다운 미덕이라 말할 수 있겠습니까? 경쟁사회 속에서도 흔하지는 않지만 모든 일에 절제하는 사람을 간혹 만나게 되는데 그런 사람을 보면 깊이 있는 사람임을 알 수 있습니다. 근접하기 어려운 힘을 느낍니다.

 긍정적인 시선으로 바라보게 됩니다. 우리가 비록 보잘것없는 평범한 삶을 산다 할지라도 평범한 가운데 절제 있는 삶을 발휘한다면 평범함을 뛰어넘어 비범한 사람이 되지 않겠습니까? 수고하고 힘쓰며 차곡차곡 쌓아간다면 평범함이 어느 순간 비범함으로 바뀌지 않겠습니까? 절제-맺고 끊음에 대한 긍정적 표현입니다.

끝은 또 다른 시작

묵은 한 껍질 벗겨
새 껍질 맞이할 시간

잠시 잠깐인 듯한데
말없이 고개 넘고 넘어

어느덧 1년의 끝자락이라 하니
무릎 탁 칠 일

아쉬움 뒤로 하고 앞을 내다보니
눈이 번쩍 뜨여

무엇이 시작이고 끝인지
큰 울림 던져 주고…

가야 할 길 분명하면

그곳이 시작이고 끝인 것을

끝은 또 다른 시작이려니 하고
희망 던져줄 닻줄 잡았으면

꾸준함이 이긴다

토끼와 거북이 경주 이야기는 모든 사람들에게 경각심을 갖게 하는 이야기입니다. 우리 시대에도 이 이야기는 깨달음을 줍니다. 토끼와 거북이 경주 이야기는 언제나 거북이의 승리로 끝을 맺습니다. 토끼는 항상 앞서가고 빨랐지만 성실하지 못하고 꾸준하지 못했기에 경주에서 거북이에게 패배합니다. 거북이는 앞서가지 못하고 느렸지만 성실하고 꾸준하게 경주에 임했더니 결국 경주에서 승리하게 되었다는 이야기입니다.

복잡하게 얽혀있는 정신없는 죄악 된 세상에서 단순하면서도 새겨들을 만한 의미 있는 이야기가 아닐 수 없습니다. 이 이야기가 많은 사람들에게 한 번쯤 되새겨볼 만한 대목이라 여기는 것은 이 시대에 교훈 삼을 만한 긴 여운이 있기 때문일 것입니다. 꾸준함이 이긴다는 지극히 당연한 **인생 법칙**을 토끼와 거북이 경주 이야기에서 발견합니다.

존 번연의 역작 『천로역정』에 보면 수많은 어려움과 시험이 있었음에도 불구하고 한눈팔지 않고 꾸준하게 걸어가는 삶이 곧 믿음의 삶임을 그리스도인이라는 주인공을 통해 보여줍니다. 믿음이 없었다면 마음대로 편하게 살 수 있었을 텐데 믿음을 소유했기에 믿음의 삶을 살아가자니 얼마나 힘들고 어려운지를 잘 보여주기도 합니다. 그러면서도 이 믿음의 삶이 가장 보람 있고 귀한 삶임을 잘 묘사하기도 합니다.

한편 어려움과 낙심과 절망과 유혹과 갈등이 있음에도 불구하고 가야 할 신앙의 길이 있기에 꾸준하게 걸어갔더니 결국 천국에 이르게 되었다는 이야기는 우리 그리스도인들 모두에게 가슴 뭉클함을 선사하는 진한 감동입니다. 여기에서도 역시 꾸준함이 이긴다는 지극히 당연한 **신앙의 법칙**이 등장합니다.

최첨단을 살아가고 있는 21세기 현대인에게도 꾸준함은 요소요소마다 필요하고, 언제 어디서나 요구되는 **절박한 덕목**입니다. 크게 보면 희생과 헌신이라는 꾸준함이 있었기에, 연구와 노력이라는 꾸준함이 있었기에, 경쟁과 배려라는 꾸준함이 있었기에 세상 속에서 흔적을 남기는 것이 아니겠습니까? 업적을 남기고, 두드러진 활동을 하고, 나름대로 한 역할을 감당하는 사람들의 공통점은 맡겨진 일에 꾸준함이 특별하다는 것입니다. 꾸준함을 갖고 장점을 살리는 지혜로움이 있었다는 것입니다.

코앞만 바라보고 이기적으로 살면 꾸준함은 오히려 자기 자신을 짓누르는 힘겨움으로 다가올지 모릅니다. 하지만 한 발 앞서 조금 먼 곳을 바라보며 감사하며 살면 꾸준함은 상승곡선을 타게 하는 튼튼한 날

개가 되어줄지도 모를 일입니다.

하나님 앞에서 끊임없이 감당해야만 하는 믿음의 경주에 꾸준함이 더해진다면 무엇이 두렵겠습니까? 꾸준함이 없는 것이 심각한 문제지 꾸준함이 있다면 무슨 걱정이 있겠습니까? 꾸준함은 21세기를 살아가는 현대 그리스도인들에게도 없어서는 안 될 **최첨단 덕목**임을 분명하게 밝히고자 합니다. 지금 이 시대는 생명을 걸어서라도 꾸준함을 발휘해야 할 그런 상황입니다.

단 한 번뿐인 생애 속에서 어떻게 살아야 할지 분명하게 결단했다면 신앙의 여정에 흔들림이 없는 믿음을 보여줘야 합니다. 우리 모두 꾸준함이 이긴다는 평범한 말뜻에 새겨진 뼈있는 외침을 가슴에 새기며 경청했으면 합니다. 꾸준함이 이깁니다.

인생의 가운데 토막

'인생의 가운데 토막'이라는 글귀가 있어 시선을 사로잡습니다. 특별한 울림으로 다가왔습니다. 이 '인생의 가운데 토막'으로 하나님이 기뻐하시는 일에 쓰임 받겠다고 자청하는 사람들의 간증 이야기는 가슴을 먹먹하게 하는 따뜻한 충격이었습니다.

인생의 가운데 토막은 가장 건강하고, 젊고, 용기 있는 황금 같은 인생시기를 말하는 것이라 여겨봅니다만 이런 시절을 하나님의 복음사역을 위해 과감하게 시간과 물질과 정성을 떼어내어 헌신하는 사람들의 삶에 깊은 도전을 받았습니다. 크게 드러나지는 않아도 이렇게 '인생의 가운데 토막'을 아낌없이 드리는 믿음의 사람들이 여전히 이 시대에도 활발하게 활동하고 있다는 소식은 무척이나 감사한 일이었습니다.

의미 있는 믿음의 삶을 추구하는 사람들은 가장 귀한 것이 무엇인지 늘 고심하며 살아갑니다. 거룩한 고민을 끊임없이 한다는 말입니다. 대부분의 사람들은 자기가 스스로 선택하고 자기가 마음먹은 대로 살아가는 것을 자랑으로 여깁니다만 모든 사람들의 삶이 다 그런 것은 아닙니다. 하나님께 선택되어 하나님의 사람으로, 하나님의 열심으로 살아가는 사람들도 있기 때문입니다. 그리스도인들이 세상 속에서 빛과 소금으로 의미 있게 사는 것은 자기의 애씀이나 힘으로 되는 것이 아닙니다. 하나님이 주시는 힘, 하나님이 주시는 지혜, 하나님이 주시는 영감으로 빛과 소금의 역할을 감당하는 것입니다.

삶 자체가 하나님의 은혜임을 깊이 깨달은 사람은 '인생의 가운데 토막'이 결코 아깝지 않을 것입니다. 지나온 삶의 걸음걸음을 뒤돌아 볼 줄 아는 사람은 반성과 함께 '인생의 가운데 토막'을 아낌없이 쓰기 위해 고뇌하게 될 것입니다. 하나님의 복이 '인생의 가운데 토막'을 통해 흘러들어옴을 아는 사람은 하나님과 좀 더 가까이 하려고 몸부림치게 될 것입니다. 아슬아슬한 이 시대에도 의미 있는 믿음의 삶을 살기 위해 인생의 가운데 토막을 하나님께 드리기로 작정하고 헌신하는 사람들이 있어 신선함을 더해 줍니다. 가장 힘이 있을 때 가장 귀한 것으로 하나님께 드리기를 힘쓰는 믿음의 사람들이 있어 희망을 갖습니다. 자신의 황금 같은 삶을 하나님을 위하여 불태움으로써 온몸으로 하나님을 증거하는 사람들이 있어 놀라울 뿐입니다.

"그러므로 너희는 죄가 너희 죽을 몸을 지배하지 못하게 하여 몸의 사욕에 순종하지 말고 또한 너희 지체를 불의의 무기로 죄에게 내주지 말고 오직 **너희 자신을** 죽은 자 가운데서 다시 살아난 자 같이 하나님께 드리며 **너희 지체를** 의의 무기로 하나님께 드리라"(롬6:12~13).

하얀 세상

세상은 온통 하얀 세상
하얀 꽃잎에 묻혀 잊혀진 세상
멈춰버린 시간이려니 하였더니
한참이나 좁은 소견

고요함에 적막함이 썰매타고
잔물결에 파도치듯 너울너울
세상은 온통 하얀 세상
하얀 꽃잎에 묻혀 숨죽인 세상

소리 없이 다가와 큰일 내려나 하였더니
한참이나 순진한 생각
겹겹이 쌓인 눈 세상 만들어 놓고
잠시 쉬어가라 손짓 발짓

위대함에 관하여

자연의 위대함은 경이롭고, 황홀하며, 감탄을 보여주기에 지극히 합당합니다. 겨울 폭설이 계속되는 요즘 자연의 위대함 앞에서 자연스럽게 많은 것들을 떠올려보게 됩니다. 몇 날 며칠 동안 계속된 눈 잔치는 겨울의 풍경과 삶의 풍경을 완전히 바꾸어 놓았습니다. 폭설에 묻혀버린 마을, 도로, 자동차, 인기척 그리고 여기에 제약을 받을 수밖에 없는 삶의 터전, 행동반경, 의기소침 등등은 짧은 시간에 많은 것들을 바꾸어 놓은 대표적인 것들입니다.

지금도 아슬아슬하게 쌓여있는 눈덩어리들은 온통 세상을 흰 물결로 덧칠하고도 여전히 기세등등한 모습으로 우뚝 선 채 장관을 연출합니다. 눈앞에서 살아 움직이며 펼쳐지는 자연의 위대한 광경은 그 무엇으로도 표현할 수 없는 생동감 그 자체이기도 합니다.

영동지역의 특이한 자연환경이 폭설, 홍수, 가뭄, 산불, 강풍 등등의 자연재해로 거듭거듭 확대되고 대형화되는 현실을 수십 년 동안 목격하면서 넓지 않은 국토에 이런 극단적인 재난들이 수없이 일어나고 있다는 엄연한 사실이 심히 걱정스러울 뿐입니다. 그러기에 옷깃을 여미는 경각심이 온전히 필요하고 자연재해를 통해 말씀하시는 하나님의 음성에 귀 기울이는 예민함도 절실히 요구된다 하겠습니다.

두 눈으로 똑똑히 보고 온몸으로 체험한 사람만이 그 필요를 가장 강하게 느끼듯이 이곳 현장에서 극단의 자연재해를 온몸으로 경험한 우리가 더 깊이 있는 그리스도인으로 살아야 하는 것은 어쩌면 매우 당연한 일인지도 모르겠습니다.

한편 자연의 위대함만 위대한 것이 아님을 보았습니다. 자연과 함께 살아가고 있는 사람들도 위대하다는 것을 새삼 경험합니다. 눈으로 뒤덮인 눈길 위에서도 안전하게 운행하는 시내버스, 눈 쌓인 거리를 헤치며 출근해 정확한 시간에 따라 근무하는 기관 근로자들과 공무원들, 폭설에도 불구하고 계속 이어지는 사람들의 활발한 생존력이 그저 감탄스러울 뿐입니다.

미국의 소설가 제인 그레이(1875~1939)는 사람의 위대함에 대해 이렇게 말했습니다.

"상실감을 담대히 극복하고, 패배와 비탄으로 인해 약해지는 마음과 싸우며, 눈물이 앞을 가릴 때라도 밝게 웃을 줄 알고, 질병과 악인에 대해 싸우기를 포기하지 않으며, 차라리 죽고 싶다고 생각할 상황에 처하더라도 꿋꿋하게 삶의 행진을 계속하고, 굳건한 믿음으로 장차 우리에게 주어질 보다 아름다운 미래를 기대하고 말하는 것이 위대함이다. 이 모든 것은 누구나 할 수 있는 것이며 그럴 수 있을 때 사람은 위대한 존재가 된다."

자연의 위대함과 인간의 위대함을 경험하면서 이 모든 것의 운행자 되시는 하나님의 위대하심은 얼마나 더 위대하실까를 가슴 깊이 새길 수 있는 계기가 되었습니다. 자연의 위대함에 주눅 들다가도 사람의 위대함을 떠올리면 다행이다 싶고, 하나님의 위대함 앞에 서면 두려우면서도 겸손해야 한다는 것을 절절히 배우게 됩니다.

노력하는 사람

어떤 목사님이 설교의 대가인 이동원 목사님께 물었습니다. 어떻게 그렇게도 설교를 잘하실 수 있느냐고 말입니다. 그러자 이동원 목사님 께서 이렇게 말씀하셨습니다.

"저는 머리(IQ)가 좋은 사람이 아닙니다.
단지 열심히 노력하는 사람입니다.
그리고 지금도 노력할 뿐입니다."

노력하는 사람이라는 말에 인간적인 친밀감을 느낄 수 있었습니다. 저렇게 노력하시니 설교의 대가가 되었겠구나 하는 존경스러움이 가슴 뜨겁게 밀려오기도 했습니다. 지금도 노력하신다는 말에 설교 대가의 위엄을 엿볼 수 있었습니다. 지극히 평범한 저로서는 많은 것들을 생각 할 수밖에 없는 순간이었습니다.

노력하는 사람은 귀한 사람입니다. 노력하니 자연스럽게 기회도 생깁 니다. 노력하는 사람 앞에 장사는 없는 것 같습니다. 노력의 결과가 결코 헛되지 않다는 것을 역사가 증명합니다. 천재적인 머리를 타고 났으나 노력하지 않아 세상에 아무런 흔적을 남기지 못하고 조용히 사라지는 사람도 많습니다만 한편으로는 조건과 상황을 뛰어넘어 노력하고 노력해 자기 분야에서 한 획을 긋는 대가들은 거의 다 성실하게 노력하는 사람들이라는 사실을 발견하게 됩니다. 남들이 볼 때는 그저 그런 사람 같아도 엄청난 노력이 있었기에 쓰임 받는 것을 알아야 하는 것입니다. 수고하고 애쓰는 노력이야말로 가장 값진 힘이요 실력 아니겠습니까?

신앙생활에도 노력이 필요합니다. 우리의 구원은 전적으로 하나님의 은혜로 된 것이지만 신앙의 참된 경주를 끝까지 완주하려면 노력이라는 우리의 애씀과 몸부림이 필요합니다. 선한 믿음의 영향력을 드러내려면 시간도, 물질도, 헌신도 동반되는 우리의 노력이 필요합니다. 이 구원의 은혜를 또 다른 사람들에게 전파하려면 우리의 땀 흘림의 노력이 필요합니다.

신앙생활에는 하나님이 하실 일이 있고, 우리가 해야 할 일이 분명하게 존재합니다. 하나님이 하시는 일에 우리가 참견할 수 없는 것은 지극히 당연한 것입니다. 하지만 우리가 감당해야 할 일에는 반드시 행동이 함께하는 노력이 있어야 되는 것입니다. 사도 바울의 음성에 귀 기울여 들어야 합니다. 그리고 점검해야 합니다.

"주께서 사랑하시는 형제들아 우리가 항상 너희에 관하여 마땅히 하나님께 감사할 것은 하나님이 처음부터 너희를 택하사 성령의 거룩하게 하심과 진리를 믿음으로 구원을 받게 하심이니… 그러므로 형제들아 굳건하게 서서 말로나 우리의 편지로 가르침을 받은 **전통을 지키라**"(살후 2:13~15).

거룩한 바보

그리스도인이란 예수 그리스도를 닮아가는 사람, 즉 예수 그리스도를 쫓아가는 사람이라는 말입니다. 여기에는 예수님을 믿는 절대적인 믿음이 중심에 자리 잡고 있습니다. 그러기에 믿음으로 구원받은 사람을 그리스도인이라고 부르는 것입니다. 그런데 가만히 보면 믿음이라는 것은 보이지 않고, 만질 수 없고, 들을 수 없는 것인데도 불구하고 사람들은 믿음으로 은혜 받고, 믿음으로 기쁨을 누리고, 믿음으로 행동하는 것이 놀랍기만 합니다. 이런 믿음의 사람을 그리스도인이라 부르는 것은 어쩌면 지극히 당연한 것인지 모릅니다.

돌이켜보면 믿음으로 그리스도인이 되었다는 것이 한없이 소중하면서도 자랑스럽고, 오묘하면서도 신비하고, 무척 다행스러우면서도 무한히 영광스럽다는 것을 알면 알수록 오로지 감사와 감격이 앞을 가릴 뿐입니다. 일반적인 사람들은 그리스도인들을 이해하지 못할지 모릅니다. 그래서 그들 앞에서는 '거룩한 바보'일지 모릅니다. 왜냐하면 여러모로 알아듣지 못할 말과 행동을 하기 때문입니다.

- 성경이 하나님의 말씀이라 말하기를 주저하지 않습니다.
- 어린아이 같은 순진한 마음으로 세상을 바라봅니다.
- 하나님의 뜻이라면 아멘으로 응답하며 행동합니다.
- 손해보고, 낮아지고, 희생하는 역할을 기꺼이 감당합니다.
- 하나님의 음성에 귀 기울이기를 즐겨합니다.
- 하늘나라에 대한 소망을 놓치지 않습니다.
- 오직 믿음으로 살겠다는 절대적인 확신을 갖고 담대하게 살아갑니다.

약삭빠르고, 사리분별이 분명하고, 눈에 보이는 현실에 집착하고 만족하며 살아가는 사람들에게 그리스도인들은 '거룩한 바보'인지 모릅니다. 아니 한 걸음 더 나아가 믿음이 없는 종교인들에게 비춰지는 그리스도인들은 어리석기 그지없는 '거룩한 바보'일지 모릅니다. 믿음이라는 어처구니없는 것을 통해 모든 문제를 풀어가는 것으로 인식하고 있는 일반적인 사람들이나 종교인들에게는 그리스도인들이 '거룩한 바보'로 보일지 모릅니다.

그런데 정말 중요한 것은 이런 '거룩한 바보'들을 통해 예수님은 놀랍게 역사하셨다는 사실입니다. 마15:21~28에 보면 가나안 여자(이방인)가 예수님께 자기 딸을 고쳐달라고 소리를 지르며 절규하기 시작합니다. 그런데 예수님은 이 여자의 절규에 대해 한마디도 말씀하시지 않습니다. 그러다 잠시 후 오히려 그 뒤에 하신 말씀은 그 여자가 듣기 거북하고 민망할 정도의 가혹한 말씀으로 응답하십니다. 그럼에도 불구하고 끝까지 끈질기게 간청했던 그 가나안 여자는 결국 승리합니다. 강하고 확신에 넘친 믿음을 보여준 가나안 여인에 대해 예수님은 이렇게 말씀하십니다.

"여자여, 네 믿음이 크도다 네 소원대로 되리라"(28절).

눅7:2~10을 보면 백부장(이방인)의 믿음이 소개됩니다. 이 백부장의 믿음은 그 어떤 사람들의 믿음보다 강하고 담대하며 절대적이었습니다. 예수님께서 직접 자기 집까지 찾아오시는 수고를 하실 필요가 없다는 것입니다. 예수님께서 말씀만 하시면 자신의 병든 하인이 나을 수 있다는 확고한 믿음이 있었습니다. 이런 백부장의 말을 들으시고 예수님이 깜짝 놀라시면서 이렇게 말씀하십니다.

"예수께서 들으시고 그를 놀랍게 여겨 돌이키사 따르는 무리에게 이르시되 내가 너희에게 이르노니 이스라엘 중에서도 이만한 믿음을 만나보지 못하였노라 하시더라."

믿음으로 '거룩한 바보'가 되었을 때 놀라운 일들이 해결되었습니다. 기독교 역사에 이런 일들은 수없이 일어났고, 지금 이 시대 이 순간에도 믿음의 역사는 '거룩한 바보'인 그리스도인을 통해 일어나고 있습니다. 그리스도인은 여전히 이 시대에도 '거룩한 바보'로 살아야 합니다. 오직 믿음만을 발휘하는 '거룩한 바보'이기를 겁내지 말아야 합니다.

실수를 통해 배운다

　사람은 누구나 실수합니다. 실수하지 않고 살아가는 사람은 아무도 없습니다. 실수하고, 실수를 통해 아픈 만큼 성장하는 것이 우리네 삶인 것 같습니다. 뼈아픈 실수, 어설픈 실수, 황당한 실수, 크고 작은 실수 등이 우리의 인생 여정 가운데 자주자주 등장합니다. 이 실수들이 어떨 때는 웃음이 되기도 하고, 어떨 때는 심각하게 고민이 되기도 합니다. 그만큼 실수는 뜨거운 감자입니다.

　어쩌면 이런 실수들이 있었기에 그만큼 성숙할 수 있었고, 보는 시야가 넓어졌으며, 이해의 폭이 커지지 않았겠습니까? 아쉽기도 하고, 우습기도 한 실수가 있었기에 또 다시 반성하고 도전하는 계기가 되지 않았겠습니까? 그 어디에서도 배울 수 없는 귀한 공부가 가끔씩 일어나는 실수를 통해 얻어지는 것은 아닌가 하고 생각하게 됩니다. 신앙생활 가운데서도 실수는 언제나 있고, 그런 신앙적인 실수가 누군가에게는 오히려 긍정적인 자극이 되어 믿음을 크게 발휘할 수 있도록 돕는 역할을 하게 된다는 것입니다.

- 실수를 잘 되새겨보고 도약의 디딤돌로 삼는다면 지혜로운 사람입니다.
- 실수에 대해 예민하게 느끼고 아파한다면 살아있는 사람입니다.
- 실수가 자신을 연단하는 계기가 되었다면 믿음의 사람입니다.
- 실수하지 않기보다 실수를 통해 한 수 배웠다면 속 깊은 사람입니다.
- 실수라는 과오가 전화위복의 전환점이 되었다면 또 다른 기회를 약
  속받은 사람입니다.

누구나 실수할 수 있습니다. 그리스도인들도 예외는 아닙니다. 문제는 실수를 온몸으로 겪고 난 이후의 삶의 태도입니다. 실수를 뒤로하고 원래의 자리로 빨리 돌아올 수 있느냐 하는 것입니다. 실수를 빨리 인정하고 선한 열매를 맺을 수 있느냐 하는 것입니다. 실수를 반복하지 않고 더 귀한 역할을 성실하게 감당할 수 있느냐 하는 것입니다.

성경의 위대한 인물들도 하나같이 실수했고, 실수 때문에 아파했으며, 실수를 이겨냄으로 큰 인물로 쓰임 받을 수 있었습니다. 이들의 공통점은 누구나 예외 없이 실수할 때마다 크게 회개했다는 것입니다. 말과 행동으로 보여주었다는 것입니다.

사람이라면 그 누구라도 실수라는 사실을 아는 그 순간 힘들고 괴로운 것은 당연한 것입니다. 그럼에도 불구하고 그 실수를 통해 깊이 교훈 삼는다면 실수가 오히려 삶에 살이 되고 피가 되는 엄청난 반전으로 다가올지도 모를 일입니다. 그러므로 우리는 언제나 실수를 통해 배웁니다.

'내일, 내일'하는 사람들에게

구원은 내일이 존재하지 않습니다. 구원은 오늘, 지금 존재할 뿐입니다. 오늘, 지금 구원받지 못한다면 아무런 소용이 없습니다. 구원은 언제나 현재가 중요합니다. 구원의 문이 언제, 어떻게 한순간 닫혀버릴지 모르기 때문에 먼저 믿고 구원받은 그리스도인은 두려운 책임감을 갖고 믿지 않은 사람들을 성의껏 대면해야 할 분명한 의무가 있습니다. 많은 사람들이 '내일, 내일'이라고 말한다 할지라도 여러분은 태평하지 마십시오.

- 내일을 기다리며 속절없이 주저하지 말았으면 합니다.
- 내일이 있다고 하염없이 망설이지 말았으면 합니다.
- 내일 하면 된다고 쓸데없이 머뭇거리지 말았으면 합니다.

내일 무슨 일이 벌어질지 아무도 모릅니다. 구원의 기회가 갑자기 사라질지도 모릅니다. 원통함과 후회스러움으로 슬피 통곡할지도 모릅니다. 두렵고 떨리는 마음으로 호소합니다. 구원받으십시오. 믿음으로 사십시오. 그리고 구원받은 믿음의 사람답게 행동하십시오. 변화된 믿음의 사람으로 흔적과 열매를 남기십시오. 사람과 사람 사이에서 냉담함보다 힘든 일은 없는 것 같습니다. 아무리 좋은 이야기를 하고 권면을 해도 쇠(牛)귀에 경(經) 읽기식의 반응을 지속적으로 보인다면 사람과의 사이가 지치고 맥 빠지는 것은 당연한 일일 것입니다. 마찬가지로 이와 같은 일이 복음전파에도 지속적으로 나타나고 있어 안타까움을 금치 못하겠습니다. 현대인들에게 주님께 돌아와 주님과 올바른 관계를 맺고 주님의 뜻을 좇으며 주님의 자녀로 살아야 할 것을 호소해도 대부분의 사람들은 냉담한 반응을 보일 뿐입니다. 여전히 '내일, 내일이 있는데'라는 태평세월이 앞을 가로 막습니다.

현대사회는 모든 분야에서 괄목할 만한 발전의 발전을 눈부시게 거듭거듭 하고 있지만 그럼에도 불구하고 영혼구원에 있어서만큼은 여전히 무덤덤하고, 무관심하며, 무개념인 경우가 허다합니다. 언제나 내일이 보장해줄 줄 알고 여유를 부립니다. 하지만 내일은 또 다른 내일을 잉태할 뿐, 내일이 지금의 나의 영혼을 책임질 수 없다는 것을 인식해야 합니다. 불행하고 가슴 아픈 사건 사고를 통해 깨닫고 절감하는 지혜가 있기를 기대합니다.

"**내일 일**을 너희가 알지 못하는도다
너희 생명이 무엇이냐
너희는 잠깐 보이다가 없어지는 안개니라"(**약**4:14).

스쳐 지나가는 여운들

하나, 옳음과 그름

  다원화된 시대일수록 옳고 그름에 대한 분별력이 더 무기력하게 상실되는 것 같습니다. 오히려 사회가 발전하면 할수록 분명해지고 명확해져야 할 텐데 그렇지 못한 경우가 허다한 것을 경험할 때마다 혼란스럽기만 합니다. 소란스러운 말과 말들이 너무 과장되어 난무하고, 행동하지 못하고 책임지지 못할 어설픈 말들이 그럴싸한 치장으로 넘쳐나는 요즘 세태를 보면 볼수록 옳고 그름에 대한 판단이 얼마나 어려운지 실감하게 됩니다. 옳고 그름이 이 시대 속에서 희미해지는 것은 정말 중요한 기준이 무엇인지 모르기 때문에 생기는 폐단은 아닌지 염려스럽습니다. 사회가 복잡하고 어수선하다 보니 상대적으로 옳고 그름에 대한 인식이 약해져 서서히 감각을 상실해 가는 경우가 아닌지 걱정스럽습니다.

하나, 안전과 생명

  삶의 모든 기준을 오직 성공에 두고, 물질적 추구에 지나치다 싶을 정도로 집착하고, 한순간 일확천금을 노리는 것을 당연시하고, 인정사정없이 치열하게 경쟁하고, 앞뒤 가리지 않고 이기적으로 달려가다 보니 어느새 탐욕과 과욕이 지나쳐 파열음과 대형사고가 빈번하게 발생하는 지경에 이르게 되었습니다. 서로가 서로를 믿지 못하는 불신사회가 되는 것 같아 마음이 착잡해지고 무겁기만 합니다. 안전은 무시하고 속도만 중요시하는 시대를 맹렬하게 살아가는 듯하여 마음 한 켠이 씁쓸하면서도 현 시대를 있는 그대로 반영하는 것 같아 답답한 것도 사실입니다. 안전은 사람에 대한 정중한 존중이요, 생명은 천하보다 귀한 엄중한 보배입니다. 안전한 삶에 대한 생명 존중이 더해지는 품위 있고 여유로운 사회를 거듭 소망해봅니다.

하나, 슬픔과 희망

슬플 때는 마음껏 슬퍼해야 합니다. 소리를 지르고, 발을 동동 구르며, 몸부림쳐야 합니다. 어느 누구도 대신 아파할 수 없는 슬픔이기에 가슴 저림을 마음껏 아주 마음껏 표현해야 합니다. 우리 대한민국 백성 모두는 지금 누구나 할 것 없이 세월호 사건으로 인해 슬픔으로 출렁거리고, 아파서 신음하고, 괴로워서 통곡하고 있는 실정입니다. 이렇게 모두 다 힘든 시기를 살아가고 있음에도 불구하고 이제는 슬픔을 이겨내고, 슬픔을 뛰어넘는 희망을 누군가 말해줘야 합니다. 그리스도인들이 희망을 말해야 하고 교회가 희망의 통로로 쓰임 받아야 합니다. 슬픔이 슬픔으로 끝나는 것이 아니라 슬픔이 희망으로 승화될 수 있도록 마음과 지혜를 모아야 합니다. 슬픔은 한숨과 통곡으로 얼룩진 흔적이지만, 희망은 '그래서'와 '그래도'로 연결되는 가능성이자 슬픔을 극복할 수 있는 에너지가 되어야 하지 않겠습니까?

신앙생활의 위기

그리스도인에게 신앙생활은
하늘 양식을 사모하는 거룩한 행위입니다.
생명의 양식을 생명 이상으로 여기며 살아가는 삶입니다.
구하고, 찾고, 두드리는 믿음입니다.

이러한 신앙생활에
인간적인 행위가 대단한 것처럼 선전되고 있는 요즘입니다.
각종 프로그램이 우선시되고 있는 현실입니다.
불신앙적인 인간관계가 널리 확장되고 있는 상황입니다.

신앙생활의 심각한 틈을 타고 슬그머니
예배의 영광스러움이 점점 상실되고 있습니다.
진리의 말씀이 점점 사라지고 있습니다.
예수 그리스도가 점점 희미해지고 있습니다.
그리스도인들에게 예수 그리스도는
복음 그 자체입니다.

전무후무한 세상의 희망이십니다.
기꺼이 죽으시고 놀랍게 부활하신 위대한 구세주이십니다.

예수 그리스도가 선포되는 현장에서
말씀을 사모하는 선택된 일꾼을 만나고 싶습니다.
말씀에 사로잡힌 하나님의 사람을 보고 싶습니다.
말씀이 삶을 좌우하는 사람을 경험하고 싶습니다.

그리스도인에게 구원의 확신이 정녕 있다면
먼저 자기 자신을 끝까지 살필 일입니다.
그리고 신령한 말씀을 우선시할 일입니다.
그래서 환경을 초월하여 감사할 일입니다.

그리스도인으로서 신앙생활이 무엇인지 경험적으로 안다면
연약한 갈대처럼 이리저리 흔들리지 말아야 합니다.
오히려 선한 양심으로 살려고 애써야 합니다.
신앙생활의 위기를 신앙생활의 도약으로 극복해야 합니다.

사이비(似而非)

사람이 살아가는 이 세상이 겉으로는 평온해 보이고 별 문제 없는 것 같아도 속을 들여다보면 문제도 많고 탈도 많은 것을 온몸으로 실감하게 됩니다. 잘 사는 사람과 가난한 사람의 양극화 현상은 점점 더 심해지고, 과학의 엄청난 발전은 인간의 삶을 편리하게는 하지만 전반적으로 허영심과 게으름을 양산하고, 개성과 주특기를 강조하다 보니 버릇없는 무절제한 사람들이 큰소리치는 혼란한 사회가 되어가고 있는 실정입니다. 그러면서도 한편으로는 상대적으로 몹시 불안해하고, 쉽게 자포자기하고, 의욕상실로 도전정신이 희미하고, 서로가 서로를 믿지 못하는 불신이 가득한 사회현상이 끊임없이 벌어지고 있는 모습입니다.

이런 아슬아슬한 사회에 한술 더 떠 '사이비(似而非)'라는 독버섯 같고, 암적인 존재가 버젓이 활개를 치고 있다는 것이 대단히 우려스러운 대목입니다. 사전에서는 '사이비(似而非)'를 이렇게 정의합니다. "겉으로는 그것과 같아 보이나 실제로는 전혀 다르거나 아닌 것을 이르는 말." 겉으로는 같아 보이나 속으로는 전혀 다른 사이비가 정치, 경제, 사회, 문화, 교육, 종교 등등에 암암리에 관여하고 지속적으로 활동하고 있다는 것이 큰 문제입니다.

어느 시대에나 사이비는 존재해 왔습니다. 하지만 많은 사람들이 심히 걱정하는 것은 그럴듯한 포장으로 속이고 다가와 여러모로 혼란스럽게 하는 동시에 개인적이면서도 사회적인 문제들을 심각하게 일으키고 있다는 것입니다. 가정을 파괴하고, 개인의 주체성을 잃게 하며, 사리판단을 흐리게 하여 사회에 건전하지 못한 여러 부작용들을 일으켜 피해가 막대하다는 것입니다.

사이비들이 시대적으로 활발하게 활동하고 있다는 것은 그만큼 진짜가 힘을 못 쓰고, 제 역할을 하지 못하고 있다는 반증이기도 합니다. 진짜가 올바르게 행동하지 못하고, 원칙을 지키지 못하고, 분명하게 정도의 길을 걸어가지 못할 때 사이비는 고개를 바짝 듭니다. 그리고 진짜처럼 행세합니다. 진짜보다 더 화려하게 세력을 넓혀갑니다. 각계각층 요소요소에 관여하고 편법을 휘두르며 진짜를 대적하기를 서슴지 않습니다.

이 시대는 진짜들이 진짜의 사명을 깨닫고 그래서 진짜의 향기를 온 세상에 퍼뜨려야 할 임무가 있습니다. 사이비가 큰소리치고 발붙이지 못하도록 진짜의 행동과 삶이 절실히 요구되고 있습니다. 사이비가 어느 날 갑자기 사라지지는 않을 것입니다. 하지만 묵묵히 정도를 걷는 진짜가 제 몫을 올바르게 감당한다면 사이비인 가짜(가라지)는 자연스럽게 힘을 쓰지 못할 것입니다. 그리고 언젠가 마지막 때에 분리수거

되어 준엄한 심판을 받게 될 것입니다.

"주인이 이르되 가만 두라 **가라지**를 뽑다가 곡식까지 뽑을까 염려하노라 둘 다 추수 때까지 함께 자라게 두라 추수 때에 내가 추수꾼들에게 말하기를 **가라지**는 먼저 거두어 불사르게 단으로 묶고 곡식은 모아 내 곡간에 넣으라 하리라"(**마**13:29~30).

확고한 신념

신앙생활에는 평범함을 뛰어넘는 확고한 신념이 절대적으로 필요합니다. 생(生), 사(死), 화(禍), 복(福)이 여기에 달려있고, 영원한 생명과 구원과 심판이 분명히 있음을 알고 있기 때문입니다. 엄청난 사실을 온 육체와 마음으로 아는 사람과 모르는 사람의 차이보다도 더 크고 귀한 것이 신앙생활입니다.

믿음에 대한 분명한 확신이 없다면 신앙생활은 잘못 입은 옷처럼 거추장스럽고 불편하며 앞을 가로막는 장애물이 될 가능성이 농후합니다. 여러 가지 상황들을 바라볼 때 평범한 것 같으면서도 비범함을 소유한 사람이 바로 그리스도인이 아닌가 하는 생각을 갖게 됩니다.

스코틀랜드의 종교개혁자 존 낙스(1513~1572)는 '박해의 상징'인 메리 여왕의 불의에 대해 통렬하게 비판하는 책을 출간합니다. 이 책의 출간으로 급기야 메리 여왕의 비위를 사정없이 건드리는 것이 되었고 결국 왕정파에 의해 체포되고 맙니다. 체포 지휘관이 존 낙스를 매섭게 쏘아보며 이렇게 물었습니다.

"그대의 신앙과 그대가 말한 것을
철회할 생각이 없는가?"

그러자 존 낙스는 분명한 어조로 이렇게 대답합니다.

"마음이 그것을 생각했습니다.
입이 말했고 손이 그것을 썼습니다.
만일 그것으로도 모자란다면 하나님의 은총을 힘입어
피로써 그것을 증명하겠습니다."

복음에 대한 확고한 신념이 있다면 신앙의 선배들이 보여주었던 삶과 정신과 뜨거운 열정을 닮고 배워야 합니다. 본받고 계승하고 그래서 시대를 뛰어넘는 신앙인으로 쓰임 받아야 합니다. 진짜와 가짜가 공존하는 시대적인 흐름 가운데 있다 할지라도 분명한 신앙적 기준을 세워가는 하나님의 일꾼은 언제 어디서나 필요하기 때문입니다.

이 시대는 시대적인 영웅을 기다리고 있지만 영웅의 탄생은 요원하기만 합니다. 많은 사람들이 개천에서 용이 나는 시대는 지나갔다고 말합니다. 하지만 믿고 싶습니다. 다윗 같고 바울 같은 시대적인 믿음의 영웅이 대한민국에도 그 어딘가에 있으리라는 확신 말입니다. 확고한 신념 가운데 믿음을 가꾸고, 믿음을 발휘하며, 믿음을 경주하는 일에 전심전력을 다 기울이는 그리스도인들이 그 어딘가에 있으리라는 기대 말입니다.

쉽지 않은 신앙의 여정 가운데서 스승으로, 다정한 벗으로, 선한 이웃으로 만나 신앙생활을 함께 할 수 있어 감사한 마음이라면 이 마음이 변함없기를 바라고 싶습니다. 확고한 신념 아래 진리를 밝히고 비추는 데 한 역할을 감당해야 할 사명이 있음을 알았으면 합니다. 믿음의 선배들처럼 말입니다.

주님의 마음은 어떠실까?

각계각층에서 거듭거듭 일어나고 있는 비극적인 사건사고와 참극들, 인간관계에서 오는 여러 가지 분쟁과 갈등과 가슴 아픔들, 신앙의 성숙보다 신앙의 익숙함에서 터져 나오는 철없는 행동들, 이런 일들을 바라보는 주님의 마음은 어떠실까요?

편파적이고 개인적이며 이기적인 행동으로 끝없이 치닫는 시대 상황, 돈과 성공과 권력 앞에 사족을 쓰지 못하는 어두운 시대 문화, 불신앙적인 요소가 넘쳐나도 침묵으로 일관하는 신앙인들의 시대 흐름, 이런 일들을 바라보시는 주님의 마음은 어떠실까요?

남을 비난하고 판단하는 것에는 익숙하면서도 자기 자신에 대해서는 너무도 너그러운 개인주의, 내가 하면 연애이고 남이 하면 불륜이라고 쉽게 단정하는 편협주의, 신앙인이 아닌 종교인으로 살면서도 부끄러움을 전혀 모르는 세속주의, 이런 일들을 바라보시는 주님의 마음은 어떠실까요?

겉은 화려하나 속은 텅 빈, 속 빈 강정 같은 참담한 사회현실, '세 살 버릇 여든까지 간다'는 말이 꼭 맞아 떨어지는 안타까운 인간 현실, '의인은 오직 믿음으로 산다'는 말씀이 쩌렁쩌렁함에도 불구하고 참된 신앙인의 믿음을 찾아보기 어려운 슬픈 신앙 현실, 이런 일들을 바라보시는 주님의 마음은 어떠실까요?

신앙인이 되었음에도 불구하고 신앙인의 모습이 전혀 보이지 않는 겉치레 신앙인, 신앙인으로 복을 받았음에도 불구하고 온갖 복을 다 갖기 원하는 탐욕스러운 신앙인, 신앙인이라면 낮아져야 함에도 불구하고 자꾸만 높아지려는 데 은근히 관심 많은 교만한 신앙인, 이런 일들을 바라보시는 주님의 마음은 어떠실까요?

우리는 이미 알고 있습니다. 우리 주님의 마음이 어떠하실지. 그럼에도 불구하고 우리는 주님의 마음을 외면하고, 거부하고, 모르는 척하며 살아가고 있지는 않은지 심히 걱정스럽기만 합니다. 주님께서 원하시는 세상을 펼쳐나가야 할 먼저 믿은 그리스도인들이 자기 역할을 하지 못해 주님께서 욕먹고, 치욕을 당하시고, 또 다른 십자가에 못 박히시고 계시다는 처참한 현실을 스스로 망각하며 살고 있지는 않은지 고민스럽기만 합니다.

주님의 마음을 정말 안다면 해답은 분명합니다. 각자의 삶의 현장 속에서 그리스도인으로 모범을 보이는 것입니다. 그리고 서로 사랑하는 것입니다. 더 나아가 희생하고 헌신하는 것입니다. 우리를 바라보시는 주님의 마음이 어떠하실지 정녕 안다면 깨어있는 마음, 두렵고 떨리는 마음으로 그리스도인으로서의 참된 모습, 건강한 삶, 살아있는 믿음을 보여줘야 할 때입니다. 이제는 말이 아닌 행동이, 구호가 아닌 실천이 절대적으로 요구되는 시대입니다.